8

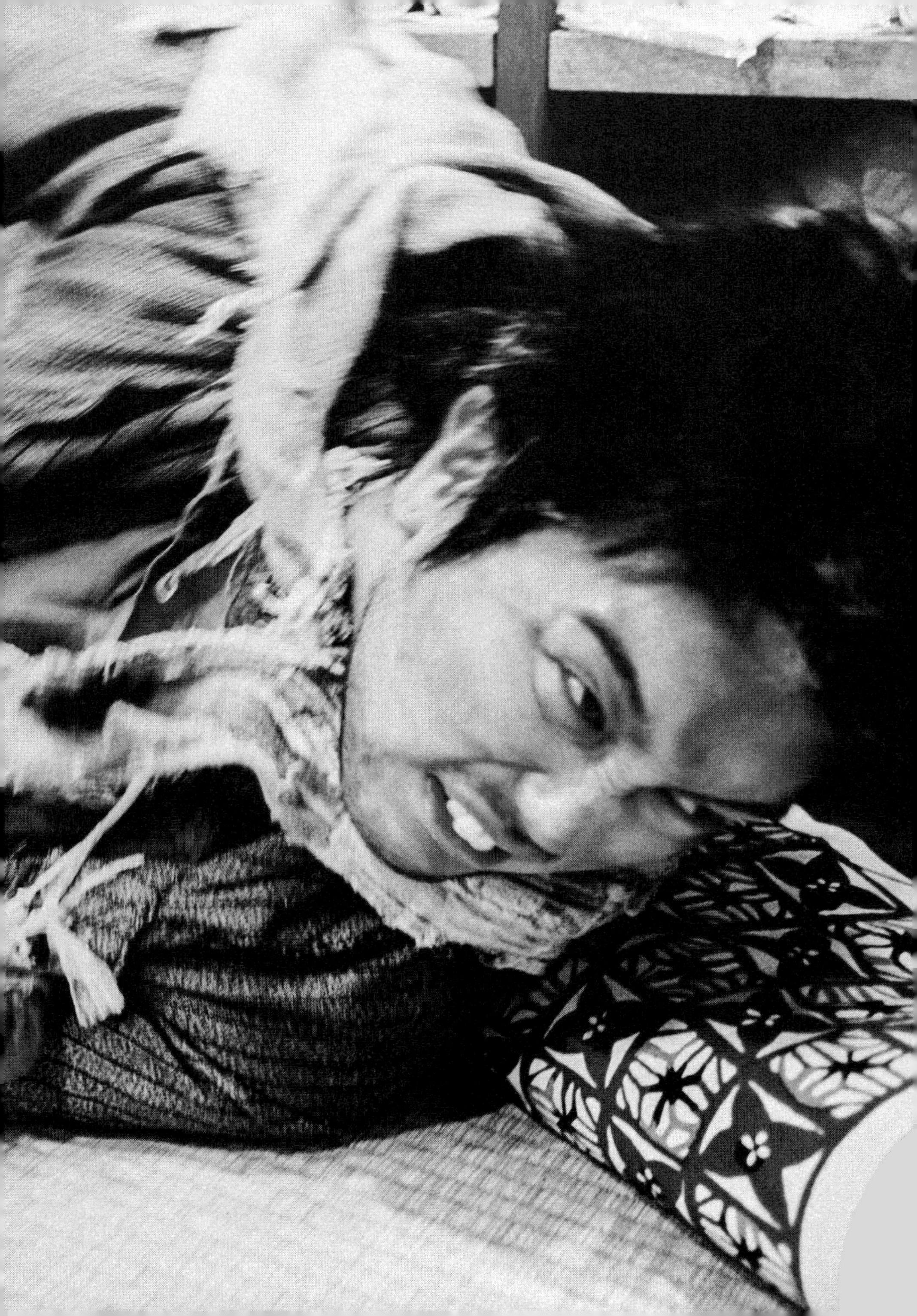

22 23 24
29 30 31
富士ヨット ヨット

contents

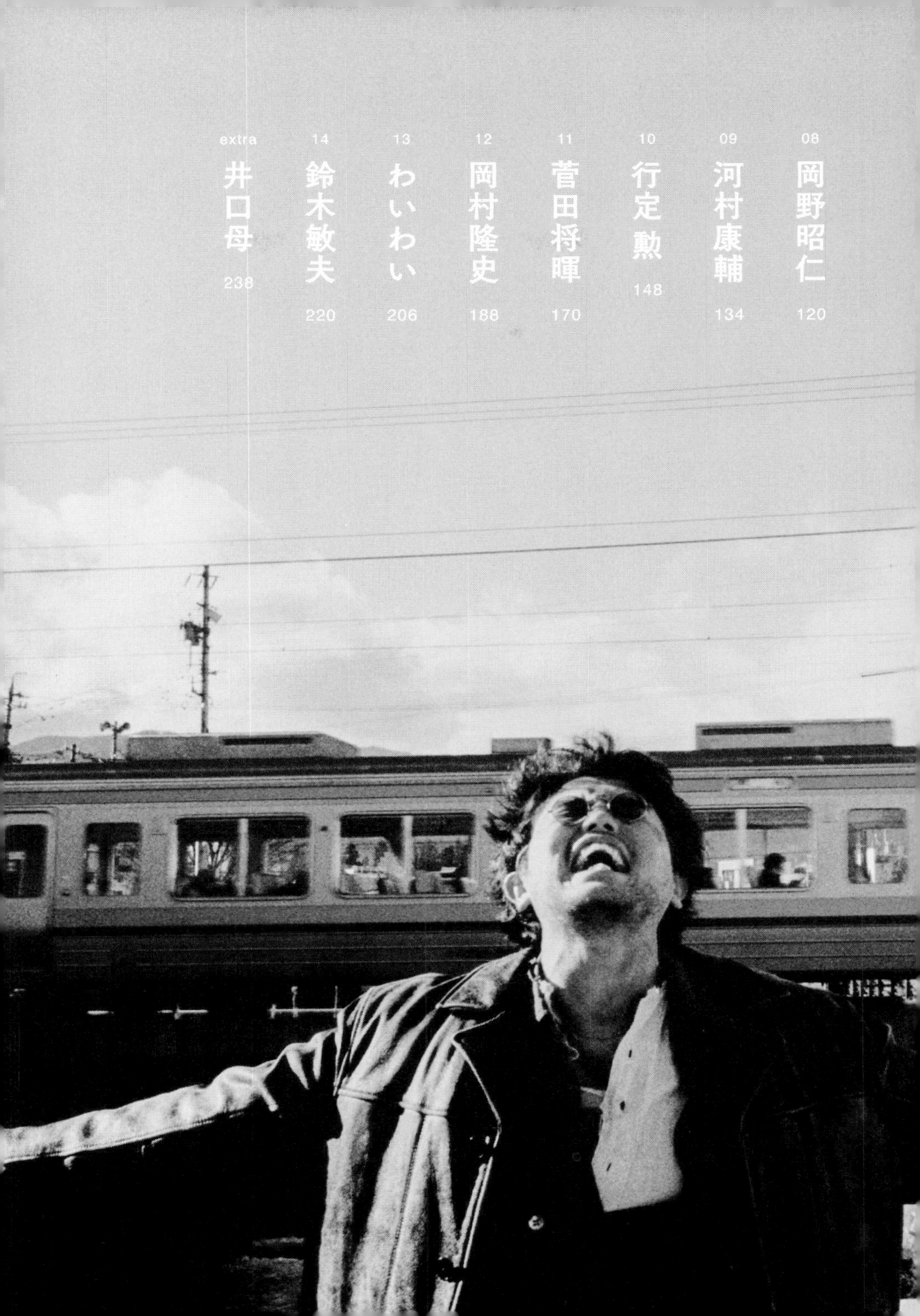

これまでの人生で影響を受けた人や、憧れの人、じっくり話を聞いてみたかった人――。僕にとって大切な方々と対談をさせていただく企画がいよいよ始まる。

スタートするにあたって、まず最初に決めたことがある。それは「毎回、相手からイメージしたものをお土産として持っていく」ということ。

実は結構な人見知りの僕は、ゲストとちゃんと会話ができるのか相当不安だった。相手が初対面の方の場合は尚更だ。でも、何かしらお土産を持っていけば、それがきっかけで話が膨らむかもしれないし、意外な一面を発見して「あ、イメージと違ったな」となったりするのもまた面白いだろう。我ながらいいアイデアだと思った（この決め事によって毎回苦しむことになるとは、この時はまだ想像していなかったけれど……）。

記念すべき最初のゲストは、漫画界のスーパースター・荒木飛呂彦先生。ていねいな暮らしをしているイメージがあり、作品を見る限りファッションにも精通している。そんな荒木先生には、何かセンスのいい小物を持っていくのがいいだろうと、僕は目黒へ向かった。アンティークショップが立ち並ぶ一帯を見て回れば、きっといいものが見つかるに違いない。

半日近く歩き回っただろうか。どうもピンとこない。というか、目黒に行ってから逆に悩んでしまい、何が正解なのかわからなくなっていた。疲れ果てて、これはまずいなと思いながら中目黒方面へ。そして、歩き慣れた散歩道に差しかかった時、不意にいい匂いがした。それは、いつも気になっていたカステラ屋さんから漂う甘い香り。

「これだ！」と思った。

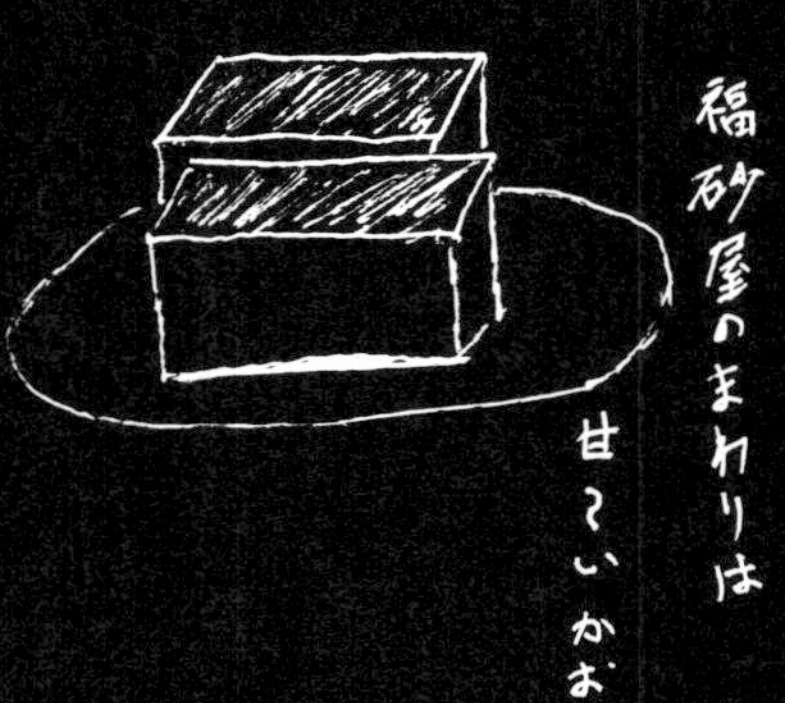

01

荒木飛呂彦

漫画家

あらき・ひろひこ／1960年、宮城県仙台市生まれ。80年に「武装ポーカー」で「少年ジャンプ」デビュー。代表作は「ジョジョの奇妙な冒険」。現在、「ウルトラジャンプ」で同シリーズ第9部「The JOJOLands（ザ・ジョジョランズ）」を連載中

〝スタンド〟を出そうとしてました

井口　はじめまして。

荒木　はじめまして。呼んでいただいて光栄です。

井口　とんでもない！　まさか受けてくださるとは思ってもみなかったです。

荒木　じつはちょうど今、「ジョジョリオン」（「ジョジョの奇妙な冒険」第8部）という漫画でキャラクターの能力名に〝キング〟を付けることにこだわっていて。そんな時に「King Gnuさんとの対談依頼がきています」と担当編集から言われたのでお受けすることにしました（笑）。いつ頃から読んでくださってるんですか？

井口　小学2、3年の頃に、はじめて読んだ漫画が「ジョジョ」だったんです。リアルタイムは第6部からですね。

荒木　第6部！　ついこの間のような気がする（笑）。

井口　僕は4人きょうだいの末っ子で、上の3人がおこづかいを出しあって集めた「ジョジョ」が全巻家にあって。もし「ドラゴンボール」を読んでいたら「かめはめ波が出るんじゃないか？」とかやっていたと思うんですけど、僕の場合は〝スタンド〟（「ジョジョ」に登場する、超能力を可視化したキャラクター）を出そうとしていました。

荒木　それはちょっと変わった子ですね（笑）。

井口　「ジョジョ」には他の漫画とは明らかに違う雰囲気があって。敵を倒すのは冒険の過程でしかないし、そんなに強くならないですもんね。

荒木　〝奇妙な冒険〟ですから。「ドラゴンボール」のように、もっと強くなりたいという気持ちで描いていないんですよ。強い人よりも、弱くて性格の曲がった人のほうが印象的だったりするでしょ。

井口　はい（笑）。「ジョジョ」では、キャラクターの精神的な成長が描かれていますよね。

荒木　恐怖や悩みを克服していくことで、心の成長を描いているんです。僕も少年漫画の世界で生きてきたので、成長させるというのが身に染みついてしまっているんですよ。昔話するとアレだけど、本当に厳しく仕込まれましたからね、編集者に。

井口　荒木先生にも過酷な時期があったんですか。

荒木　昔はすごいですよ～。原稿を読んでもらうために順番待ちをしていたら、前の人の原稿がパッと見ただけでボロクソ言われて「次、俺かよ……」っていう（笑）。「この絵、ちょっと手を抜いたでしょ？」と言われて全部描き直したこともありました。

井口　それで締め切りに間に合うんですか？

荒木　間に合わせるしかない。

井口　うわぁ。「ジョジョ」に岸辺露伴という天才漫画家がいるじゃないですか。荒木先生ってあいう人なのかなと勝手に思っていたんです。

荒木　あれは僕の願望であり、ある漫画家さんがモデルなんですよ。その先生には数々の伝説があって、毎晩のように飲み歩いているのにストーリーも絵もあっという間に仕上げてしまうらしいんですね。20ページ描くのに死にそうになってる自分には到底マネできないけど、目標にしていたのかもしれない。

井口　荒木先生にもあるんですね、そういう憧れが。漫画家さん同士で飲みに行くことってありますか？

荒木　どうだろう、あまり多くないかな。

井口　僕も少ないんですよ、すごく。バンドメンバー同士の仲がいいので、いつも一緒にいる感じなんです。

荒木 僕、仲がいいバンドは好きです。曲を聴いていて、なんかわかりますよね。

井口 そうですね。バンドの空気感ってすごく繊細で、もし誰か一人でもピリついていたら、ちょっとグルーヴが無くなったりすると思うんですよ。

荒木 うん。メンバーが抜けるとかって話がすごく嫌い！

井口 悲しいですよね〜（笑）。

「ジャンプ」の表紙、すごかった

井口 この連載では「対談相手から僕がイメージしたものを持っていき、発表する」という決め事がありまして。

荒木 おっ、楽しみですね。

井口 それで目黒あたりのアンティークショップをぶらついてみたんですけど、どうもピンとこなくて。どうしようかと思っていたら、目黒川沿いにいい匂いのするカステラ屋さんがあることを思い出して、買ってきました。普通に手土産みたいですけど（笑）。

荒木 ありがとうございます。

井口 勝手なイメージですけど、先生は甘いものがお好きなんじゃないかな、と。

荒木　大好きですよ。

井口　本当ですか！　豆大福とかもいいかなと思ったんです。作中に、ごま蜜団子も出てくるし。

荒木　はははっ。和菓子も好きです。あと、鳩サブレーも好物です。

井口　ちなみに料理は何系がお好きなんですか？

荒木　イタリアンが好きでよく食べます。自分でも作るし。

井口　料理されるんですか！

荒木　はい、この自粛期間でさらに腕を上げました（笑）。

井口　ご自分で作って、ワイン開けて飲んだり？

荒木　ワイン飲みますね。

井口　めちゃめちゃオシャレですね。

荒木　それしかやることないんで（笑）。

井口　僕は今、27歳なんですけど、コース料理の楽しさにようやく目覚めました。料理に合わせたワインが出てきて、一緒に行った人と「このスープ、何が入ってるのかな」とか話していると、大人っぽいことしてるなぁと感動するというか。コース料理って面白いですよね。

荒木　うん。料理人の世界観が出ますからね。漫画を描く刺激にもなります。

井口　あと、スーツを着て行くのが心地いいんです。

荒木　King Gnuのイメージにはないね（笑）。

井口　オフのほうがちゃんとしてる（笑）。その場のルールに則って行くのが楽しいんです。発見でしたね、それは。

荒木　King Gnuを聴いて思うのは、井口さんの歌い方がすごく独特だなあ、と。

井口　自分のスタイルというか、どう歌ったらいいんだろうっていうのは、このバンドに参加して最初の2、3年はずっと考えていました。でも、僕はもともとクラシックの声楽をやっていたりして、他の人とはルーツが違う。そういうものがにじみ出ているのかもしれないですね。

荒木　井口さんのように、ワンフレーズ聴いただけでその人だとわかるボーカルが、僕は好きなんです。絵画でいえば、何十メートル離れた場所から見ても誰が描いたかわかるのが優れた作品。漫画も同じで、誰かと似たような絵をうまく描くより、変だとしても「この人の絵だ」とわかるほうがいいと思うんです。

井口　なるほど！　荒木先生の絵は突き抜けてますよね。誰とも似ていない。一枚絵の破壊力が尋常じゃないです。

荒木　1980年代、90年代の「少年ジャンプ」の表紙ってすごかったんです。例えば北条司先生や原哲夫先生の絵なんて、今見ても感動するようなグレードの高さで。これに負けたくないという気持ちがあったんですよね。

井口　漫画家さんはそれを一人で追求するんですね。孤独を感じるものですか？

荒木　そうですね。だからバンドはうらやましいし、その世界観を感じたいんですよ。King Gnuは実にいい佇まいですけど、ちゃんと計算して作ってますよね。

井口　そうですね（笑）。

荒木　自分たちのこの辺のムードを出そう、とか。クラシックカーに乗るぞ、とか。

井口　まさに（笑）。最近買いましたよ、70年代のクラシックカー。

荒木　やっぱり！（笑）

「奇妙な冒険」って便利なタイトルだなぁ

井口　「ジョジョ」といえば超能力を可視化した〝スタンド〟が登場しますが、もともとどういう発想から生まれたんですか？

荒木　表からは見えないもの、隠されたものを描きたいなと思って考えたんです。その人物の裏の顔、いわば本性を描いたものでもあるんですよ。

井口　僕は、弱いというか、使いどころに困るようなスタンドに惹かれます。例えば第6部に出てくる「サバイバー」とか。みんなの闘争本能を刺激して、死ぬまで殺し合いをさせるという。

荒木　ああ！（笑）

井口　ああいう、使い方に創意工夫が必要な能力が面白いなあと。「ジョジョ」における強さの定義って、初期から現在にかけてだいぶ変わってきましたよね。

荒木　そうかもしれないですね。最初の頃はパワーやスピードが強さの基準でしたけど、たくさんのスタンドを描くうちにそうではない価値観が生まれて。一点だけをジクジク攻めたりするヤツのほうが嫌だなって思えてきたんです。

井口　第8部の「ダモカン」というキャラクターのスタンドは、人間を極限まで柔らかくできますよね。で、そこから何をするかというと、肝臓を切り取ったり、熱帯魚を体内に泳がせたりした。つまり、柔らかくする能力は手段でしかなくて、ダモカンはただ拷問が好きっていう……。

荒木　ふふふ（笑）。

井口　スタンドによって嫌らしい人間性があらわになる。

荒木　僕がとくに好きなのは、第4部に出てくる

GIORNO
GIOVANA
第5部
TVアニメ
10月より
放送開始
JOJO
荒木飛呂彦
原画展
-冒険の波紋-
KO ARAKI JOJO EXHIBITION: RIPPLES OF ADVENTURE
1.25Sun-2019.1.14Mon
大阪文化館
土日祝日のみ日時指定制・ローソンチケットにて
木飛呂
発売中!!

「重ちー」という中学生。スタンドの「ハーヴェスト」を使って街中に落ちているお金を集めるんですけど、言ってることがだんだんおかしくなっていく。本当はもうちょっと描きたかったんですけど、死んでしまいました。

井口　重ちーが死んだ時って、なんとなくみんながモヤモヤする感じでしたよね。そんなに好きでもなかったけど……みたいな。やっぱり、憎めないクズがお好きなんですか？

荒木　好きですね（笑）。僕は作品を通じてヒーローを描きたいのではなく、キャラクターを描きたいんですよ。

井口　それは、多様性を描きたいということですか？

荒木　いや、もっと単純に、自分の愛着とか世界観ですね。

井口　では第8部の主人公・東方定助がすきっ歯なのもフェティシズムなんですか？

荒木　そうですね。オシャレだなと思ったんです。

井口　すきっ歯が？

荒木　はい（笑）。親しみやすさとかある種の下品さとか、そういう魅力を感じるんです。

井口　なるほど。キレイすぎるものってつまらないですもんね。

荒木　なにせ〝奇妙な冒険〟ですから。便利なタイトルを付けたなって思いますよ（笑）。なんでもオーケーになりますからね。だけど、King Gnuも相当奇妙なバンドなんじゃないですか？　どういう人たちが、どういう感覚で集まったら、こんなバンドになるんだろう。

井口　たしかに、他のバンドとは相容れないというか、あんまり仲良くなれないってお互い思っている感があります（笑）。こんなにルーツがばらばらな人間が集まっているバンドってあんまりないと思うんです。ギターはチェロ奏者で、ドラムはファンク、ベースはジャズをやっていた。僕は洋楽をあまり聴いていなくて、歌謡曲とかクラシックを聴いていました。

荒木　それがあの混沌とした音楽性につながっているんですね。たぶん僕も、他の漫画家さんから、荒木飛呂彦ってなんかわかんないヤツだなって思われていると思う。

井口　たしかに、そんな気がします（笑）。

目標は「モナ・リザ」です

井口　荒木先生はクリント・イーストウッドを敬愛していますよね。以前、「ジョジョ」の誕生25周年を記念したムックで対談されていましたが、あれは緊張しましたか？

荒木　もちろんしました。でも彼はすごくリラックスしていて、こんなでっかいクッキーを食べながら僕と対談していた。で、半分ほど残していったんですよ。僕、それを記念にもらって帰りましたもん。

井口　ははは！

荒木　子どもの時に彼の映画を観て、それ以来ずっと好きなんです。憧れている先輩が、同じ姿勢で創作し続けているのって素晴らしいですよね。

井口　僕にとってはそれが荒木先生です。長く活動する中で、挫折を味わったり、きつい時期もあったと思うんですが、先生はどうやって乗り越えてきたんですか？

荒木　まず、長く続けようとは一切思ってなかったんですよ。その時のものを描こうと思っていただけで。

井口　はい。

荒木　僕はたぶん、「俺、売れたな〜」とか思ってないんですよね。気づいたらちょっと年は取っていたけど、自分のことを大御所だと思ったこともない。うん、なんかそういうことなのかなって思います。スポーツカーを乗り回して「俺、ノッてるぜ！」みたいな感じでは僕はなかったですね。

井口　僕は、人気が無くなったらどうしようとか、誰にも聴かれなくなったらどうしようとか、恐怖心がずっとあるんです。周りからは売れたねって言われるんですけど、でも怖くて。先生はもう恐怖心はないですよね？

荒木　いや、ありますよ。打ち切られるんじゃないかって常に思っています。あと、新人の漫画家の才能を認めたくない部分もあったり。冷静に見ると上手いなあとか思うんですけど、最初はムムッて感じです。

井口　そういう感度を持ち続けているのがすごいですね。

荒木　イーストウッドとか、尊敬している先輩たちが、僕の年齢の時にどうしていたかなとか、年代順に作品を観たりするんです。そうすると勇気づけられる。この人は媚びてないなって。

井口　媚びないって、めちゃくちゃ難しいですよね。

荒木　難しい。もちろん利益を上げなきゃいけないし。

井口　媚びないでやると、離れていく人も多いですし。

荒木　でも、例えば「モナ・リザ」とかって、毎日何万人という人が見に行くわけじゃないですか。描いた人も描かれた人も死んでいるのに、絵を見に行かれるっていう。ああいうのが僕の目標ですね。

井口　見据えるものがどこか、ということですね。

荒木　そこが芸術なんだろうなって。モナ・リザの制作秘話を聞くと、もうずっと描いていたらしいですよ。十数年も手元に置いて。

井口　うちのギターの常田大希が主宰するmillennium paradeの新アルバムに「2992」という曲があって。常田の生まれ年が1992年なんですけど、千年後まで遺っていたらいいなと思って彼はその曲を作ったんですよ。そこを見据えているかどうかがすべてかもな、と思いました。

荒木　心意気ですよね。絵や音楽を通じてそれを受け取ると感動する。スポーツ選手の華麗なプレーを見るのもいいけど、モナ・リザみたいなものに僕は惹かれます。

井口　これから「ジョジョ」はどうなっていくんですか？

荒木　今描いている第8部はかなり佳境に入ってきていて、今僕はそれに向き合うことに集中しています。先のことはあまり考えていないんですよ。現時点がすべてなので。

井口　楽しみにしています。イーストウッドのように、ずっと描き続けてくださいね。

＊2021年3月収録

2人目のゲストは、僕の「進路」に影響を与えた俳優・玉木宏さん。今回のお土産選びも難航した。何か渋いものがいいな、というイメージはあったが、なかなか具体的に思い浮かばない。

よく晴れた休日、友人と久しぶりに浅草散策へ出かけた。大学のキャンパスが上野にあり、学生時代はしょっちゅう浅草で遊んでいた僕にとって、この辺りは庭みたいなものだ。この日は花やしきで遊んだり、名物のメンチカツを食べ歩きしたりして、たまのオフを満喫していたのだが、「お土産が決まっていない」という事実がどうしても頭から離れてくれない。店先をじっと眺めては、「玉木さんに何を渡そうか」と探している。自分で決めたルールだが、2回目にして早くも重荷になっている。

まず心をひかれたのは、刀だ。雷門から浅草寺に向かう仲見世に、一軒だけガチっぽい刀を扱っているお店がある。僕は昔から刀というものに憧れがあって、浅草へ行くたびにその店を見て「いいなあ」と密かに思っていた。この際、玉木さんに刀を贈るのはどうだろう？　時代劇の印象もあるし、喜んでもらえるかもしれない。しかし、同行した友人が「いや、邪魔だと思うし、物騒なヤツだと勘違いされるかも」と冷静に止めてくれた。

気分を変えようと、浅草に来たらいつも食べるきゅうりの一本漬けを買い求めに、浅草寺の裏側にある漬物屋さんへ。そこに、今回のお土産である味噌味のソレはあった。玉木、玉木、玉ねぎ……。完全にダジャレだが、渋さという点では悪くない気がする。

とはいえ、対談の途中で渡す勇気はないから、最初の挨拶の時に真っ先に渡すことにしよう。

02

玉木 宏

俳優

たまき・ひろし／1980年、愛知県名古屋市生まれ。98年にドラマ「せつない」で俳優デビュー。2006年、大ヒットドラマ「のだめカンタービレ」で主人公が思いを寄せる先輩・千秋真一役を演じた。映画、テレビ、舞台、監督など幅広い分野で活躍する

千秋先輩から受け取ったバトン

井口　いきなりですけど、玉木さんから連想したものを持ってきたので、よかったら受け取ってもらえますか。
玉木　コレは何ですか？
井口　玉ねぎの漬物です、味噌味の。
玉木　ありがとうございます（笑）。でもなんで漬物？
井口　玉木さんは声が渋いので、似合うかなと。
玉木　ははは！
井口　僕が玉木さんを初めて見たのは、中学生の頃に放送してたドラマ「のだめカンタービレ」です。当時、千秋先輩に憧れて、合唱コンクールで指揮者をやりました（笑）。
玉木　そうなんですね。
井口　その頃、兄が音大に通っていて、僕も音大に行きたいなと思いつつも全然イメージがつかなくて。そんな時に「のだめ」がやっていたんです。だから僕が音大を目指すきっかけになった作品です。
玉木　それは言い過ぎでしょ。
井口　本当です！　コメディー作品って普通、面白おかしく誇張するものだと思うんですけど、「のだめ」はかなりリアルですよね。僕が入った東京藝大もドラマで描かれていたまんまでした。
玉木　やっぱり何かを極めたい変態が多いのかな？（笑）
井口　多いですね。千秋先輩ほどの俺様キャラはいませんでしたけど。
玉木　どうして声楽科を目指したんですか？
井口　物心ついた時からずっと歌が好きで。それを仕事にしたいと考えた時に、東京藝大という場所が不可欠だと思ったので自然と目指すようになりました。プラス、やっぱり「のだめ」ですね。

玉木　ははは！

井口　いや、これ本当に冗談抜きで。僕、DVDボックス持ってますから！

玉木　なかなかのファンですね（笑）。あのドラマの原作は、実際に野田恵さんという方が福岡にいらっしゃって、その方を題材に描かれたものなんですよ。

井口　えー！　知らなかったです。ピアノをやっている？

玉木　そう。自分が漫画の主人公になるって夢がありますよね。

井口　作品からバトンを受け取って、ピアニストを目指す人もいるでしょうしね。僕の音楽のバトンは玉木さんから来ていますから。

玉木　いやいや、恐れ多いです（笑）。

井口　玉木さんは18歳の時に上京されたんですよね。

玉木　そうです。名古屋から出てきました。僕もこの仕事に就こうと思ったのが中学生の時で、やっぱり完全にドラマの影響でした。で、ある事務所のオーディションを受けて、賞はもらったんだけどそこに入ることはできなくて。

井口　そうなんですね。

玉木　そんな時、たまたま今の事務所の社長からスカウトされて東京へ出てきました。事務所に入ればすぐにテレビに出られると思っていたけどそうじゃなくて。なかなか役のオーディションに受からないから、23歳ぐらいまでずっとバイトしながら生活していましたね。

井口　5年間ぐらい下積みの時代を過ごしていたんですね。

玉木　レストランのバイトをメインでやりつつ、コンビニの夜勤とか、日雇いの引っ越し業者をやって。わりとギリギリな生活でした（笑）。

井口　僕は長野出身なんですけど、地方から出てくる時って、心に期するものがありますよね。

玉木　もし東京で失敗したとしても、地元には帰らないなという覚悟がありました。戻ったら負けた感じになっちゃうし。

井口　わかります。

玉木　だけど、バイトができたことはすごくよかったと思っています。当時出会った仲間とはいまだに仲がいいし。すぐに売れていたら、今頃たぶん、よくわからないことになっていたと思います（笑）。

とりあえず足は突っ込んでみる

井口　玉木さんが「のだめカンタービレ」に出ていたのは、ちょうど今の僕ぐらいの年齢ですよね。その頃ってどんな感じでした？

玉木　人生で一番忙しくて、色んなことが見えなくなっていたと思う。もしあれが続いていたら、俳優の世界にはもういなかったかもしれません。

井口　やっぱりそういう時期があるんですね。僕も2019年ぐらいにその状態になっていました。「なんのためにやっているんだろう？」って。

玉木　わからなくなりますよね。自分の引き出しの中身がどんどん減っていく気がして。

井口　もうカラッカラでした（笑）。私生活も全部、ラジオに絞り出して。今はすごくゆったりしているんですけど。

玉木　井口くん、最近はお芝居もやっていますよね。

井口　そうですね。色々やりながら探している最中です。

玉木　それはすごくいいことだと思います。僕がいつも思うのは、とりあえずなんでもやってみようと。触れてみて、気持ちが乗らなかったらやめればいいと思うので。

井口　足は突っ込んでみると。

玉木　そうです。あとは異業種の人と出会うことってすごく楽しいですよ。

井口　どんなジャンルの人と会うんですか？

玉木　ほとんどいるかな。全ジャンルというか。

井口　なんだか職業合コンみたいですね（笑）。

玉木　この年齢になると、各界で活躍中の同世代がいて、そういう人の経歴を聞くと、大変だっただろうな、だから今があるんだなって思います。

井口　勇気づけられますよね。やっと僕も「この先もずっと悩んでいくんだな」と受け入れられるようになってきたんです。ある意味、あきらめに近いかもしれないけど。

玉木　時には折れることも必要ですから。折れながら形にしていくというか。

井口　何かを大きく変えようとか、仕組みを変えてやろうとかは思わないですか？

玉木　僕は野望が強いタイプじゃないんで。2、3番目ぐらいから、出る時にちょっと出て、また引っ込んでみたいな立ち位置があっています。

井口　僕もそのマインドなんです。周りに野心家が多くて、自分もそうならなきゃダメかなと悩んだりもしたけど、最近はそう思わなくなりました。目の前にあるものを一個ずつ丁寧にやることが自分らしいやり方だなって。

井口 今、玉木さんが演じている「桜の塔」の主人公ってとんでもない野心家ですよね。

玉木 まさにそうですね。

玉木 他人を蹴落としながら、警察のトップを目指してのし上がっていく男ですね。

井口 難しさはないですか？

玉木 あります。だから疲れる（笑）。でも、自分に近いものは自分自身ではわからなかったりするから。役に影響されて染まることもあるし。

井口 てことは、今はダーティーになっているんですか？

玉木 そうですね。だいぶ汚れてきた感じ（笑）。僕は現場に慣れるまでに結構時間がかかるタイプで、慣れてきた頃に撮影が終わっちゃう。

井口 同じです。僕もツアーをやっていると、序盤はお客さんの顔が全然見られなくて、終わる頃にやっと慣れる。

玉木 ＭＣはどうですか？

井口 苦手ですね。フロントマン向きではないいんですよ、性格的に。でも僕自身、ロックスターに憧れる気持ちもあるので、オラついたことをしなきゃいけない時はします。

玉木 パフォーマンスの一つとしてですね。

井口 「極主夫道」とかはずっとトップギアだったと思うんですけど、どうでしたか？

玉木 すごく疲れました。

井口 ははは！

玉木 最後のほうは声帯もかなり強くなったな。

井口 それも面白いですね。役の体になる、みたいな。

「自分はやった」と思えるか

井口　玉木さんは主演を務めることが多いですけど、プレッシャーは感じませんか？

玉木　俳優はミュージシャンと違って共同作業でモノを作り上げるから、個人にかかるプレッシャーはそこまで大きくないと思うんです。

井口　バンドもそういうところがあると思います。

玉木　ボーカルも？

井口　はい。みんな優れたプレーヤーなので、僕があんまり頑張らなくても……ってことはないですけど（笑）、しっかりやってくれる。でも最近、お芝居をやらせてもらっていると、一人だから余計プレッシャーを感じます。

玉木　そうなんですね。

井口　自分が良くなかったら良くないものになる。もちろん他の役者さんやスタッフの方々と一緒に作るものですけど、やっぱりこう、絶望しますね。

玉木　絶望？

井口　うわ俺下手だな〜って。

玉木　ふふふ（笑）。

井口　玉木さんはそんな気持ちになることってあります？

玉木　ありますね。やっぱり上手い人を見れば「上手いな」と思うし。

井口　緊張とかはしますか？

玉木　いや、昔から緊張はあまりしないかな。井口くんはどうですか？　大きいステージにいっぱい立っているけど。

井口　僕はあがり症なんで。久しぶりのライブだと、あとで映像を見返すと目が泳いでいて反省します。音に集中するのも大事ですが、自分をどう

見せるかも大事じゃないですか。そのバランスというか。

玉木　うんうん。

井口　お芝居している時って、演技に集中することと、自分をどう見せるかのあんばいは、どうやっているんですか？

玉木　ドラマの場合、見せる意識は必要じゃないと思っていて。なぜなら、そう見えるように撮ってくれるから。だから芝居に集中しているだけでいいと思うし、声のトーンだって囁くように言ってもちゃんとマイクが拾ってくれる。でも、舞台をやった時に思ったのは、客席に届けなければ何も伝わらない。だから、場所が違えばテクニックも全然違うなと思う。

井口　レコーディングとライブの違いに似ているのかも。

玉木　そうかもしれないですね。舞台の上でドラマのような小さい芝居をしても、絶対に届かない。そういうことを知ってまたテレビに戻ってくると、少し芝居が変わることもあったり。

井口　自分を見返す場になっているということですよね。舞台をやって、ドラマをやって、映画やって、みたいなことが。玉木さん、お芝居は好きなんですか？

玉木　好きでもあるし嫌いでもある。だって、難しいし。

井口　ははは！　でもよかったです。僕も今、歌に対してそういう感覚なんで。面白いけど、好きか嫌いかはちょっとわかんない、みたいな。

玉木　やり方次第で面白くもつまらなくもなるし。

井口　自分の手応えと結果が結びつかないこともあるじゃないですか。だから、「自分はやった」って思えるまでやったかどうかですよね、大事なことって。自分の立ち位置とか、周りを見回したりしだすとヤバいんだろうなっていう気がします。

玉木　比べることは必要ないと思う。刺激を得るだけならいいけど。

井口　過去の自分と比べたりはしますか？

玉木　どの時に戻りたいですか？とたまに質問をもらいますが、「戻りたくありません」といつも答えてます。

井口　素敵ですね、それは。納得できているということですもんね。

玉木　いいことも悪いことも含めて。その時のベストをやったはずじゃない、その時は絶対に。そう思いながら生きたいですね。

人間が豊かでありたい

井口　玉木さんってスタイルがいいですけど、気を使ったりしてます？

玉木　ベースとしてすごく運動が好きで、常日頃からやるようにしています。それに、アクションのある作品に入った時に、できる状態をキープしておかないと「1カ月で準備してください」「無理です」という感じになっちゃうので。

井口　太っている役のオファーがきたら？

玉木　それはもちろんそこにあわせます。食べることは大好きだから、すぐ太れるし。

井口　スリムな状態を保つことのほうが難しいんですね。

玉木　ただ、食事制限はほとんどしていないです。基本的には好きなものを自由に食べて、その分、運動しています。

井口　勉強になります。すぐ太っちゃうんで。でも一体いつ運動しているんですか？

玉木　隙間があればやる感じ。実は今朝も6時半からブラジリアン柔術をやってきました。

井口　ほえ〜！　ずっと動いてるんですね。僕なんて、暇があったらソファでボーッとしてますよ。

玉木　趣味は何かあるの？

井口　食べることです。

玉木　美味しいものと出合うと幸せな気持ちになりますよね。

井口　はい。以前、綾野剛さんに連れて行ってもらったお寿司屋さんで食べたマグロが、なんか、水飴みたいな……。

玉木　水飴みたい？　漬けってことかな。

井口　漬けです、漬けです（笑）。なんか食べたことない食感をしていて。そういう新発見に喜びを感じます。玉木さんは何がお好きですか？

玉木　肉。

井口　渋いですね〜、今の「肉」の言い方。

玉木　いやいや（笑）。

井口　僕も焼き肉は好きです。

玉木　うまい店いっぱいあるから、今度行こうよ。

井口　お願いします！　ところで、玉木さんの最終目標ってなんですか？

玉木　抽象的な言い方だけど、人間が豊かでありたい。俳優という職業でいえば、先輩方のように、いくつになってもやっていけたらいいなと。自分が楽しいと思うことをやって、フワフワッとそこまで行きたいなという感じ。

井口　やりたいことはありますか？　俳優とか関係なく。

玉木　いつか田舎暮らしがしたくて。自分で家を作って、コツコツと。

井口　建てるところから。

玉木　そうです。それに、ツリーハウスも作りたくて（笑）。

井口　めちゃくちゃいいじゃないですか！

玉木　それが一つの夢です。でも実現させるなら早い段階でやらないと、60歳になって木の上に小屋を作るなんてできないと思うから。

井口　たしかに。では、そんなに遠い将来ではないですね。今度一緒に山とか登りに行きません？

玉木　アクティブなことにも興味あるんですね。

井口　地元が長野なので、フラッと登っていたんですよ。

玉木　長野のどこですか？

井口　伊那市という、南のほうで。八ケ岳も以前はよく登っていました。一人で登るのが好きなんですけど、途中で寂しくなるんですよね。

玉木　俺は一人で登ったことはないけど、自分と向き合う時間になりますよね。

井口　それが楽しいです。

玉木　行こうよ。一時期、アイスクライミングも好きで。

井口　ええー！　すみません、山好きとか言っちゃって。

玉木　いや、全然（笑）。

井口　冬山も登るんですか？

玉木　はい。雪山を登っていると、音が全部吸収されて、夏とか秋よりも自分と向き合う時間が増える気がします。ザッザッザッしか聞こえなくなるから。

井口　趣味も渋いな〜。

＊2021年3月収録

3人目のゲストは、フリーアナウンサーの宇垣美里さん。今回のお土産は一切迷わなかった。マイメロディが好きで、チョコレートについてのエッセイ本を出した宇垣さん。だから「マイメロディのチョコレート」。それ以上にぴったりなものはないだろう。かわいい缶ケースに入ったものをAmazonでポチって、準備は万全だ。

正直に言うと、宇垣さんが対談のオファーを受けてくれたと聞いた時、うれしさと同時に不安が押し寄せてきた。僕は以前、自分のラジオ番組で宇垣さんへの愛を一方的に語りまくったことがある。いや、「愛」なんてキレイな話ではない。僕自身、自分がどんなことをしゃべったか正確に覚えておらず、今回の対談を前に改めて聞き直してみたら、思っていた以上に失礼な発言のオンパレードで血の気が引く思いがした（もちろん、最大限の敬意を込めてプロレス的に絡んだつもりではあるけれど）。

自分で蒔いた種は自分で摘み取らないといけない。果たしてお土産のマイメロディのチョコレートで、僕の誠意はちゃんと伝わるだろうか。

宇垣さん、ひょっとして怒っているんじゃないかな……。そんな一抹の不安を抱えつつ迎えた対談当日。現場にやってきた宇垣さんの表情は、僕の無礼を知ってか知らずか、実にさっぱりしたものだった。

「おねがいマイメロディ」のキャラクターは、とくにマイメロママがそうなのだが、かわいい見た目とは裏腹に毒のあることをズバッと言うところがある。宇垣さんとお会いして、彼女もまた容姿の可憐さと中身にギャップがあり、そこが大きな魅力だと感じた。

03

宇垣美里

フリーアナウンサー

うがき・みさと／１９９１年、兵庫県神戸市生まれ。２０１４年、アナウンサーとしてＴＢＳに入社。19年に同局を退社し、フリーに。現在はテレビ、ラジオ、雑誌、ＣＭ出演のほか、執筆業も行うなど幅広く活躍中

絶対悪ふざけでしょ(笑)

井口　初めまして。よろしくお願いします。

宇垣　お願いします！

井口　やばい、緊張してきたな……。実は以前、僕がやっていたラジオで宇垣さんのことをよく話題にさせてもらっていたんです。

宇垣　はい、なんとなく知っています。友達の中に井口さんの番組のリスナーがいて、「すごい宇垣の話が出てくるんだけど、聴かなくていいよ」って教えてくれて（笑）。（編註：井口さんは〝ウガキスト〟を自称し、「ANN0」で宇垣さんへのゆがんだ愛を繰り返し語っていた）

井口　僕はファンとして純粋に応援したくて……。

宇垣　ふふふ、絶対悪ふざけでしょ（笑）。

井口　いや、本当にいちファンなんです！「サンジャポ」とかで自分の意見をズバズバ言っている姿をよく見ていましたけど、あそこまで言い切るアナウンサーってあまりいませんよね。

宇垣　会社員なのにずいぶん自由だなと自分でも思っていました（笑）。

井口　しんどくはなかったですか？

宇垣　あれは私一人で作ったキャラクターではなく、ディレクターさんの考えとか色々なものが合わさってできたものなので、ちゃんと楽しめていました。

井口　よかったです、その言葉を聞けて。勝手なイメージですけど、宇垣さんを見ていると、いつも何かに怒っている感じがするんです。

宇垣　私たぶん、ずっと怒っていますね（笑）。あまり人に対しては怒らないですけど、大きいものに対して怒っています。

井口　理不尽に対して？

宇垣　そうですね。会社を辞めたら少しは落ち着くかなと思っていたら、フリーになっても結構怒っているんですよね。怒りって面白いじゃないですか？　だから、まあいいかって。

井口　突っ込んだことを聞いてしまいますが、怒りの対象って組織とかですか？

宇垣　組織もあるし、友達の置かれた状況だったり。もちろん自分のことで怒ることもあれば、テレビを見ていて怒ることもあります。なんだろう、感情の振り幅がちょっとおかしいのかな……。

井口　それが魅力的なところなんじゃないかなって思うんですよ。すごく素直というか、いっさい隠せない（笑）。

宇垣　顔に書いてありますもんね。「何を言っているの？」って。

井口　ははは！　結構生きづらい性分ですね。自分では感じないですか？

宇垣　自分のことをすごいネアカだと思っているので、そんなに感じないです。

井口　えー!?　周りはあまりそう思っていない気がしますけど（笑）。

宇垣　そうかなあ（笑）。

井口　友達から言われるんですか？

宇垣　はい、「竹を割ったような性格」って。

井口　ああ～、気持ちいい性格なんでしょうね。

宇垣　「わかりやすいね」って言われます。

井口　なるほど。良くも悪くも。

宇垣　そうです。ストレートなんです。別に何にも期待せず生きているので、そういうところも出ちゃっているのかもしれない。でも、歌にのせて自分の感情を表現できるのは、すごくうらやましいなと思います。

井口　たしかに僕は、歌うことで発散できているのかもしれない。自分の言葉ではないんですけど、思いを代弁できているような気持ちになりますし。ステージで歌うことで、自分自身がすごい救われている感覚があります。

宇垣　いいですね〜。

好きなものを好きって言える自由

井口　この連載では、僕が対談相手からイメージしたものを持ってくることになっていて。コレなんですけど、ぜひ受け取ってください。

宇垣　えー、なんだろう……わあ、かわいい〜！

井口　マイメロディのチョコです。宇垣さんはチョコとマイメロがお好きなので、両方を兼ねたものを、と（笑）。最新エッセイでもチョコについて書いているんですよね。

宇垣　はい。今日も食べてきました。最近はオレンジ味にハマっています。

井口　2019の3月にTBSを退社して以降、メディアに出るだけでなく、執筆活動にも精力的に取り組んでいますよね。この2年間を振り返って、どうでしたか？

宇垣　コロナ禍ということもあり、本当にあっという間でした。一方で、今の生活に慣れすぎてしまって「えっ？　私、会社員してたんだ」と不思議な気持ちになったり。

井口　フリーになろうと思ったきっかけは何だったんですか？

宇垣　ずっと朝の情報番組を担当していて、早朝に起きて20時には寝る生活をしていました。それで、朝の番組を卒業してからバラエティー番組に出始めたり、エッセイの連載のお仕事をもらったり。「仕事っていっぱいあるんだ」と知って、新しいことをしてみたらこれだけ楽しいんだから、違う立場になったらもっと楽しいかなと思ったんです。

井口　今の充実度は？

宇垣　楽しい。新しいことをするのが好きってことはつまり、すごく飽き性なんですよ。なので、同じところに通うことがそもそも向いてなくて。あと、会社員の時って自分の好きなものをお勧めできなかったんです。それができるようになったのはすごく自由だなって思います。

井口　好きなものを好きって言えるという。その自由度は大事ですよね。

宇垣　はい。私はそれを言いたい人なので、できないのはちょっとつらかったなって。

井口　ただ、以前SNSで話題になった「マイメロ論」を書いたのは、まだTBSにいた時代ですよね。

宇垣　そうでした（笑）。

井口　何か不条理に直面した時、「『私はマイメロだよ～☆　難しいことはよくわかんないしイチゴ食べたいでーす』って思えば、たいていのことはどうでもよくなる」という処世術……最高です（笑）。

宇垣　本当はよくないんですけどね。「あなたの話を全然聞いていません」ということですから。

井口　きっと宇垣さんは、他人におもねらず、媚びたりもしないんだろうなと。僕もできるだけ媚びたくないと思いながらやっていますけど、難しいです。何にも流されずに生きるのって、自分が相当努力していないとつかめないものだったりするから。

宇垣　たぶん私が何も思わないでいられるのは、今の立場であるとか、売れるということに対して執着心がないからだと思うんです。

井口　そうなんですか。

宇垣　はい。だからこんなへらへらしていられるんです。でもそれは、何か大事なものを持っていないからでもあって。井口さんのように確固たるものを持っている方がすごくうらやましいです。

井口　いや、僕は持っていないですよ。めっちゃ恥ずかしいんですけど、歌しか本当になかったというか。他のことが本当に何もできなかったから今も歌っている。だから僕と宇垣さんは真逆なのかもしれないです。宇垣さんは、何でもできちゃう人ですよね？

宇垣　器用貧乏かもしれない。

井口　貧乏は余計だと思いますけど（笑）。

宇垣　今までやった中で、書くことが一番難しいんだと思います。だから楽しくて、続けているのかもしれません。

どこでも生きていけるのだ

井口　海外旅行がお好きなんですよね？

宇垣　はい。コロナ禍になる前はしょっちゅう一人で行ってました。旅行に限らず、やっていないこととか、見たことないものがあるのがあまり好きじゃないんです。

井口　僕は新しいことをするのが怖いほうで。毎日同じことが続いてないとおそろしくなってくる。

宇垣　でも、お仕事的に同じことは続きませんよね？

井口　そう、同じことがあまりないからこそ作っていて。決まった曜日に筋トレしたり。

宇垣　リズムを作るってことですか？

井口　リズムというか、できるだけ新しいことをしたくないっていう（笑）。

宇垣　へぇー！　意外です。

井口　「また同じことをやっちゃったなあ」ぐらいの感じがいいんです。

宇垣　でも、海外旅行って、引きこもるのとそんなに変わらないと思うんですよ。

井口　え？　「マイメロ論」に次ぐ新しい理論が……。

宇垣　いや、違うんです（笑）。国内旅行は別ですけど、私の人生とはなんの関係もない、言葉も通じない人たちの所へ行くと、すごく落ち着くんですよ。だって、無責任な「お客様」になれるじゃないですか。おうちの中にいると社会と接することなくいられますけど、それと海外旅行は私の中ではほぼ一緒です。

井口　なるほど。僕は長野出身ですけど、実家に帰るといつも同じ山に登るんです。

宇垣　へえ～。どうして？

井口　同じ山でも季節ごとに違いがあって。湖へ行って「今日は風が吹いていて湖面が揺れてるなあ」とか、いつもあるものの別の面を見たいというか。おじいちゃんみたいですけど（笑）。

宇垣　ふふふ。あと、海外へ行くと「ここでも生きていける。世界は広い」と思えるのも楽しいことの一つです。

井口　でも、実際に暮らすとなると、治安とか心配になりません？

宇垣　それはもう、宇垣家の家訓ですね。「どこででも生きていけるのだ」っていう。

井口　ははは！　そんな家訓があるんですか。

宇垣　祖父がその言葉をよく言っていたんです。

井口　本当にたくましいですね。生命力のかたまりみたい。

宇垣　でも、そんなに欲があるわけではないんですよ。トップになりたいとも思ったことはなくて。生きることは大変なので、どうせだったら面白いことを探さなきゃな、くらいの感じ。

井口　宇垣さんはどういう環境で育ったんですか？

宇垣　神戸の「徒歩10分で海」みたいなところで生まれました。だから、近くに海がない状況がたまによくわからなくなるんです。

井口　というと？

宇垣　だっておかしいじゃないですか。海辺を走り回っていた田舎の子が、ヒール履いて東京の街とか歩いちゃってるなんて。もうこれ、ただの夢じゃん？って。

井口　夢だと思っていたら、なんでもできそうですね。怖いことってないんですか？

宇垣　高いところで足元グラグラしたら普通に怖いです。

井口　それぐらいですか（笑）。
宇垣　そうですね……（笑）。
井口　いや、すごいと思います。僕は絶対そんな考え方はできない。いつも何かにおびえて生きているので。失敗する夢を見たりしませんか？
宇垣　見たことないです。嫌なことがあっても寝たら忘れちゃうし……。
井口　本当に気持ちいい人だな～。ひょっとして、死ぬことも怖くない？
宇垣　全然怖いと思ったことないです。私、27くらいで死ぬと思っていたから。
井口　どこのロックミュージシャンですか！（笑）

具体的な「この人」に向けて歌う

井口　宇垣さんは学生時代を京都で過ごしたんですよね。
宇垣　はい。京都は今も大好きで、行くたびに初心を取り戻せる感じがします。どこに行っても京都と比べちゃうし、京都という共通項がある人とはすごく仲良くなれますね。
井口　僕にとって京都は、大学の頃に付き合っていた人が住んでいた場所で。一度だけ帰省する彼女について行って、二人で観光しました。
宇垣　いいところですよね。
井口　京都弁も慣れ親しんだ言葉だったんで……なんか思い出しちゃうな。

宇垣　エモいですね（笑）。

井口　エモくなっちゃった（笑）。鴨川沿いを散歩したり。

宇垣　私、それを冷やかしてました。「等間隔！」って。

井口　あ〜、カップルが座ってますね、等間隔に。僕も宇垣さんに冷やかされてたかも。

宇垣　かもしれない（笑）。

井口　そんな人が同志社大のミスキャンパスに選ばれたんですよね（笑）。お話を聞いていると、よくまともに審査を受けたなと、ちょっと信じられない感じです。

宇垣　確かに審査もアナウンサー試験も、友だちから「本当にちゃんと受けられるの？」とすごく心配されました。

井口　でも、どちらもうまくいくわけですからね。

宇垣　よかったですよ、本当に。ずっと親から言われてましたもん、「あなたは手に職をつけなさい。会社員にはなれません」って。

井口　もしかして、そこも天邪鬼なんですか？向いてないと言われることをあえてやってやる、みたいな。

宇垣　いや、私は「とりあえず挑戦しよう」みたいなタイプではないんです。カッコつけなので、何事も機が熟さないとできない。フリーになる時も、定期預金とかを確認して「これなら半年は生きていけるか」みたいな感じで。

井口　定期預金……。

宇垣　とか色々ね。

井口　やばい、耳が痛くなってきた（笑）。

宇垣　コケたとしても保険があるから大丈夫と思えるし、だからこそ自由になれる。

井口　うう。すごい説得力。

宇垣　破滅的な性格ではあると思うんですけど、

人に迷惑はかけたくないので。

井口　自分の足で立っていたいという気持ちがすごく強いですよね。

宇垣　はい、それが楽しいんだと思います。

井口　すごいなあ。なんかへこんできたなあ(笑)。これからもマイペースに活動できたらいいなって感じですか？

宇垣　私は表現することが好きで。今はそれが書くことなんですけど、「ああ、これが好きなんだなあ」っていうものが他にも見つかるといいなって。井口さんは、もっと真っすぐに自分を表現したいと思うことはありませんか？

井口　たしかに僕は自分で歌詞を書かないし、マイクというフィルターを介して歌っている分、自分の思いが届きにくかったりするのを感じることもあります。でも、大事なのは表現する先だなと。

宇垣　表現する先、ですか。

井口　言い方は悪いですけど、一昨年ぐらいのツアーはどこか作業的にこなしていた部分があったんです。毎日歌いすぎて、「なんのために歌っているんだろう？」と。でも最近は、もっとパーソナルな、具体的な「この人」に向けて歌うことが、表現の体温みたいなものにつながってくるのかなと思っていて。

宇垣　なるほど、考えたことなかったなあ。私はいつも自分のために書いているので。

井口　僕も「自分が救われるために歌ってる」って言ってきたんですけど、「この人のために」という時もあっていいなって。最近ですけどね。

宇垣　はあ～、学びました。

井口　めっそうもないです。

宇垣　今度試してみます！

＊２０２１年４月収録

4人目のゲストは、アニメーション映画監督の細田守さん。僕は細田作品が大好きで、ほぼすべて鑑賞済みだったけれど、今回の対談に備えて改めて見返してみると新たな発見があった。せっかくなら原画資料集もチェックしておきたくなって、中野ブロードウェイへ探しに行くことに。対談の1週間ほど前のことだ。お土産はまだ決まっていなかったが、中野に行けば特撮のフィギュアとか漫画とか、喜んでもらえるものが何かしらありそう。そんな目論見もあった。

目当ての資料集を無事手に入れて、お土産を求めてブロードウェイをくまなく歩き回る。かっこいいフィギュアやお宝グッズ、珍しい漫画本など、魅力的なものはたくさんあるのだが、どうも決定打に欠ける。物事を判断する際、選択肢が多すぎる状況は、選択肢が少ない状況より遥かに難しいのかもしれない。

ふと視線を落とすと、丸くて小さいものが目に入った。子どもの頃、きょうだいが遊んでいるのを羨ましく見ていた「たまごっち」だ。うわぁ、懐かしい。細田さんが監督した「デジモンアドベンチャー」はたまごっちと関連しているし、今回のお土産としてぴったりなのでは？

僕は細田さんへのお土産用とは別に、自分用にも購入することにした。子どもの頃に買ってもらえなかったものを、大人になってから自分のお金で買う。それは僕の好きなことの一つだ。

家に帰って自分の分のたまごっちを開封し、電池を入れてさっそく育て始めた。初めてのエサやり。初めてのうんち掃除。だんだん成長する姿が愛おしい、25年前の初代たまごっち。細田さんの反応やいかに。

04

細田 守

アニメーション映画監督

ほそだ・まもる／1967年、富山県上市町生まれ。91年、東映動画（現・東映アニメーション）に入社し、アニメーターや演出家として活躍。2011年、スタジオ地図を設立。主な監督作品に「時をかける少女」（06年）、「サマーウォーズ」（09年）、「おおかみこどもの雨と雪」（12年）、「バケモノの子」（15年）、「未来のミライ」（18年）、「竜とそばかすの姫」（21年）など

楽曲に寄り添っている気がした

井口　はじめまして、よろしくお願いします！

細田　よろしくお願いします。

井口　最新作「竜とそばかすの姫」のメインテーマをmillennium paradeが担当させていただきました。うちの常田（大希）がお世話になりました。

細田　おかげさまで、とてつもないスケールの曲ができました。井口さんは常田さんと長い付き合いなんですよね？

井口　バンドをやり始めて5年くらいですけど、長野の同じ小中学校に通っていて。

細田　うわっ、ジョンとポールが同じ小学校だったような感じですね。

井口　ははは！　明らかに良く言い過ぎですけどね。ただ、当時はあまり仲良くなかったんです。こっち（東京）へ来てから大学でばったり再会して、それからですね。

細田　二人とも東京藝大なんでしょ？

井口　そうなんですけど、常田は僕の1コ上で、僕が入学した時にはもう中退していて。で、僕が1年の時の「藝祭」に彼が遊びに来ていて、そこで会ったんです。

細田　へえ〜。藝祭には学生時代に何度も行ったなあ。僕は金沢美術工芸大だったんですけど、四芸祭（東京藝大、金沢美工大、京都市立芸術大、愛知県立芸術大の4校によって毎年行われていた催し）の委員長をやっていたので。

井口　そうだったんですか！

細田　で、東京藝大の当時の委員長は髪がストレートだった頃の葉加瀬太郎さん（笑）。

井口　ちょっと見てみたいですね（笑）。

細田　東京藝大っていろんな人がいるから面白いですよね。井口さんは声楽科でしたけど、美術学部の人とも遊んだりしていたんですか？

井口　たまに寮で鍋を囲んだりはしていました。

細田　寮って（東京都練馬区）石神井にある？

井口　あ、そうです。よく知ってますね。

細田　何度か泊まりに行ったことがあります。

井口　ええ～！　その頃からボロボロだったんじゃないですか？

細田　うん、ボロボロ（笑）。今も変わってないのかな？

井口　僕が大学1年の時に取り壊されたんですよ。確かその時、築55年だったと思います。あの地獄のような汚さの寮に泊まったんですか～。

細田　うん。四芸祭の委員の人たちが「東京は危険だから泊まっていけ！」って強くすすめてくるもんだから（笑）。

井口　めちゃくちゃ青春してますね。

細田　井口さんは何かやってました？

井口　僕は声楽科の出店の店長をやっていました。ワッフル屋さんとか（笑）。

細田　ラジオで井口さんの歌声を初めて聴いた時、「すげぇ！」と思うのと同時に、どんな人が歌っているのか全然想像がつかなかったんです。歌ごとに違う感じがするというか、楽曲にすごく寄り添っている気がして。

井口　確かに、曲ごとに登場人物の心情をくみ取って歌うようにしています。

細田　そういうプロセスには、やっぱり相当時間をかけているんですか？

井口　声のキャラクターみたいなものは、わりと最初に決めちゃうことが多いかもしれないです。曲を聴いて、何度か声を出してみて「あ、こっちのほうがハマるな」とか。その方向の中でニュアンスを変えていくんですけどね。

細田　歌声にすごい幅があると思うんです。だからKing Gnuの新曲を聴いても、井口さんかどうかわからない時があって。

井口　それはいいことなのか、悪いことなのか……。

細田　いや、もちろん悪い意味じゃなくて！

井口　冗談です（笑）。すごくうれしいですね。

緑色がすごく印象に残る

井口　この連載では、僕がお相手の方からイメージしたものを持ってくることになっていまして。細田さんは昔の物を大事にされる方だろうなと、1996年発売の初代たまごっちをお持ちしました。

細田　おおー、これは懐かしいですね。

井口　育てたことあります？

細田　育てたことはないんですけど、僕は2000年ごろに「デジモンアドベンチャー」というアニメ作品の監督をやっていて。デジモンはたまごっちの少しあとに発売された兄弟商品なんですよ。

井口　僕は今、育てているんですけど、今朝カモノハシみたいな姿の「くちぱっち」になっていました。家に置いてきちゃったんで、死んでいないか不安で（笑）。

細田　すぐ死んじゃうんですよね（笑）。

井口　はい。エサとうんこの掃除と、あっち向いてホイしかできないですけど、かわいいですよ。このたまごのカラーも、クリアグリーンできれいですよね。

細田　昔のｉＭａｃみたいな感じで、なんかいいな～。

井口　緑といえば、僕は細田さんの映画を見ると、緑色がすごく印象に残るんです。それはやっぱり田舎の山々の深い緑をずっと目にしてきたからで、あの色は東京の人には出せないと思います。とくに長野県上田市が舞台の「サマーウォーズ」（09年）や、「おおかみこどもの雨と雪」（12年）の木々と空のコントラストや光の感じは、自分の原風景に近いものがあって。

細田　田舎って何もないなって思うけど、本当は周りにいろいろなものがあるんですよね。住んでいる時は山が美しいだなんて一回も思ったことがなかったけど。

井口　そうなんですよね～。

細田　歌うことと演技をすることって、やっぱり相関があるんですかね。井口さんも芝居をやっているでしょ？

井口　やり始めています。

細田　新作「竜とそばかすの姫」の主人公を演じるのは、ミュージシャンの中村佳穂さんなんですけど、彼女のお芝居を聞いていると、訓練されたプロの俳優とはまるで違うなって思うんですよ。表現するパワーは同じだとしても、質的に違う。それって歌を歌う人が、いつも歌に込めている表現力をお芝居に変換したものなのかなって。

井口　もしかしたら、プロの俳優さんとは違うところから湧き上がってくる何かがあるのかもしれませんね。

細田　僕は以前から中村さんの音楽をいちファンとして聴いていて、すごい歌い手だなと思っていたんですけど、演技ができるかどうかは全然わからなかったんです。で、オーディションで台詞の原稿を読んでもらったら、表現力の高さにのけぞってしまって。

井口　へぇ〜、めっちゃ楽しみです。僕も中村さんの音楽はYouTubeで聴いて素晴らしいと思っていたので。

細田　日本社会ってプロフェッショナル主義が強く、「この職業の人はずっとこれをやっていればいい」みたいな風潮がありますよね。僕の映画にも「プロの声優さんがやるべきだ」という意見をいただくことがあって。とても勉強になるんですけど（笑）。

井口　ははは！

細田　でもそういうのって、すごく人を型にはめて見ている感じがする。表現ということでいえば演技も音楽も同じですからね。どんどんクロスオーバーしていくと面白いものが生まれると思うんですよ。きっと井口さんが何かをやるってなったら、みんなすごく期待するんじゃないかな。

井口　ちょうど今は価値観の変わり目なのかもしれないですね。とりあえず僕は失敗を気にせずに挑戦していきたいと思っています。うまくいかなかったら、生涯歌一本でやっていけばいいかと（笑）。

〝願い〟といったら大げさかもしれないけれど

井口　「竜とそばかすの姫」はインターネット空間を舞台にした作品です。シナリオはどういう経緯で生まれたんですか？

細田　僕はネットの世界を描いた作品をほぼ10年おきに作っていて。この間どう変化して、それがどんな新しい物語を生み出しうるのかを考えながら作りました。

井口　10年前と今ではまったく違いますもんね。

細田　はい。ネット空間が巨大化するのと反比例するように、そこで飛び交う情報がどんどん個人の問題になっていると思うんです。このコロナ禍でさらにネット環境は身近になったけれど、それゆえに誹謗中傷の言葉であふれかえっている現実もある。

井口　今回の作品で歌というものを中心に据えたのはどうしてですか？

細田　歌とインターネットには「伝える」という共通項があって、親和性がすごく高いと思ったんです。心を揺さぶる歌には〝一人に向けて届けている感じ〟がすごくあるでしょ？　そこに感動するんですよね。

井口　同感です。歌を歌う立場からしても、そうありたいと思います。

細田　なので、歌に対してずっと感じていたことを、映画として表現できたらいいなと思って作りました。

井口　細田さんはこの作品を誰に届けたいですか？

細田　僕はいつも、性別や年齢に関係なく、作品の主人公みたいな人に届けたいと思っていて。今

回の主人公は田舎の女子高校生で、教室の隅っこでうつむいているような子なんですけど、そういう人が見てくれたらいいなと思っています。アニメファンとか映画ファンよりも、僕にとってはその人に届けることのほうが大事。興行収入や売り上げをモチベーションにしてものをつくるなんて、僕には絶対無理ですし。

井口　なるべくそこから解き放たれた状態に自分を置いておかないときついですよね。細田さんはどの作品にもポジティブなメッセージを込めていると思いますが、それって細田さんのものづくりの根源的なものなんでしょうか？

細田　そうですね。アニメって元々子どもや若い人が見るものだと思っていて。で、そういう人に見せる以上は、肯定的に作りたいんですよ。いち映画ファンとしては、ウォシャウスキー姉妹が作るような徹底的なディストピアの面白さもよくわかるんですが、僕自身はアニメを作っていて、それを子どもが見るわけですから。とはいえ、今ネットを題材にした映画でこんなにポジティブなものを作る監督は、世界中で僕だけでしょうけどね（笑）。

井口　そんな気がします。

細田　ネットがどれだけ人を苦しみの淵に追い込むとしても、肯定的に描き切ってやるぞという意気込みはある。それに歌とか映画って、負けていたりしょげていたりする人のためにあるんじゃないかっていう気もするんですよ。だから〝願い〟といったら大げさかもしれないけれど、自分自身がかつてそうだったことに対して、何か作品をもって応えるというのはありうる気がします。全然プロモーションの言葉じゃないな（笑）。

井口　ははは！

細田　まあやっぱり、内的必然というか、克服したい何かがあるから作ろうとするんですよね。もしも仮に、子ども時代に何不自由なく暮らしていたとしたら、作品をつくる理由がないんじゃないかっていう気がします。芸大ってそういう人間の吹きだまりのような場所でしたよね。

井口　はい、僕も吹きだまっていました（笑）。

細田さんは今、「克服」っていうまろやかな言い方をしましたけど、僕の中には「復讐」に近い思いがあるんだと思います。

大切な人たちが生きていた証し

井口　前作「未来のミライ」（18年）を見て以来、気になっていることがあって。あの作品には〝家族の歴史〟が描かれていて、主人公がひいじいじとか未来の妹に出会って、成長していく物語じゃないですか。細田さんご自身も家族というものを意識した時期だったんですか？

細田　うん、それはすごくありました。あの作品を作ろうと思ったのは6年くらい前なんですけど、上の子が2歳で、下の子が生まれたばかりの頃だったんです。子どもが生まれるのって、世間では当たり前のことかもしれないけれど、自分にとっては世界が変化するくらいの衝撃で。

井口　どんなふうに変化したんですか？

細田　僕は一人っ子なのもあって、そんなに仲のいい家族ではなかったんです。田舎で一人っ子なので周りから馬鹿にもされたし。だから、子どもに対してそんなに愛情を感じられないかもしれないと思っていたんだけど、まったくそうではなかった。自分の脳の中で家族を大事にしようとするホルモンが流れていることを強烈に自覚したんですよ。「俺、そっち側の人間だわ」って。

井口　そっち側（笑）。

細田　ホルモンが流れない側の人間もいるわけじゃないですか。それはそれで構わないと思うんですけどね。で、これってもしかしたら、自分の父や母も、俺が生まれた時に同じことを思ったかもしれないし、さらに父や母が生まれた時、祖父や祖母もそう思ったかもしれない、さらに祖父や祖母が……って、ぶわーっと生命のループみたいなものを感じて。これを映画で表現するとどうなるんだろうと思って作ったのが「未来のミライ」なんです。

井口　めちゃくちゃ父性を感じたんですよ。

細田　ふふふ（笑）。

井口　僕は親が離婚しているんですけど、なれ初めとか僕が生まれる前の話をまったく聞いたことがなくて、ずっと後悔があったんです。で、一緒に暮らしていた母親には聞けないから、父親に聞くしかないと思って、思い切って聞いてみたんですね。そこで出会いのエピソードとかを聞いた時の感情が、「未来のミライ」を見た時と似ているなと思って。家族の歴史に触れた瞬間に「あ、なんか俺、結構大丈夫かも」みたいな気持ちになったんです。

細田　両親の出会いがなかったら自分は存在しなかったし、ちょっとした気持ち一つで僕らは生まれたり生まれなかったりする。ありがたみっていうのも変ですけど、その偶然のすごさを感じますよね。

井口　感じますね。僕は「未来のミライ」のかけっこのシーンがすごく好きで。ひいじいじは戦争で足を悪くしたから、「ひいばあばとかけっこをして勝った」という逸話を誰も信じていなかった。でも、そのかけっこの場面に遭遇した主人公が目にしたのは、ひいばあばがわざと負けてあげていた光景。あそこで僕、涙が止まらなくなってしまうんです。今も話しながらやばいんですけど（笑）。

細田　あれは実話なんです。うちの奥さんの祖父母の話で。

井口　え〜！　想像で描いたわけではないんですね。あのエピソードが実話で、しかも作品にちゃんと閉じ込められているなんて、すごく幸せなことだと思います。生きていて何が怖いって、大切な人たちが生きていた証しが消えてなくなることですよね。

細田　そのとおりです。

井口　普通は残っていかないものばかりですからね。細田さんはお子さんが大きくなったら、そういう話をすることもありそうですか？

細田　まあ、だいぶ先でしょうけどね。今は戦隊モノの銃のことで頭がいっぱいみたいだから（笑）。

＊2021年5月収録

「ルミネ行かない？　今日のラインナップ、めっちゃ豪華なんだよ」

お笑い好きの友人がルミネtheよしもとに誘ってくれた。僕はテレビではお笑い番組をよく観るけれど、劇場には一度も行ったことがなかったので、その提案に興味をそそられた。

出演者の名前を見ると、霜降り明星や天竺鼠、尼神インターなど、人気の芸人さんがずらり。その中に、もう中学生さんの名前もあった。折しも対談を2日後に控えた絶好のタイミング。これもきっと何かの縁なのだろう。僕は最新のもう中さんを生で目撃しようと、友人と一緒に新宿へ向かった。

もう中さんは僕と同じく長野県出身だ。段ボールを使った芸で大ブレークし、あらゆるネタ番組に引っ張りだこだった時期。在京キー局の番組に呼ばれなくなり、地元長野のローカル番組で頑張っていた時期。そして、近年の再ブレーク——。同郷で、年齢もそれほど離れていない彼の一連のストーリーは、僕にとって相当エモいし、励みにもなっていた。僕に限らず、もう中さんの活躍を見て、ある種の誇らしさを感じている長野県民は少なくないはずだ。

ステージ上のもう中さんはニコニコ笑っていた。テレビを通していつも僕を励ましてくれた笑顔だ。終演後、劇場の入り口付近にある物販コーナーを見てみる。芸人さんの顔が描かれたトランプやキーホルダーなど、おもしろグッズが並んでいる。その一角におみくじがあった。対談の場で、もう中さんと僕が一緒に開封してみたら、ドキュメント性があって盛り上がるかもしれない。

さてさて、一体どんな運勢が出てくるだろう。

05

もう中学生

お笑い芸人

もうちゅうがくせい／1983年、長野市生まれ。NSC東京校7期生。イラストを描いた段ボールを使った一人コントで知られる。俳優として舞台「ハイスクール!奇面組」シリーズや、ミュージカル「メリー・ポピンズ」に出演

今までの会話、全部ネタみたい（笑）

井口　（段ボールの風景画を見つけて）おおっ、すごい！

もう中　井口氏も僕も長野県出身ということで、故郷の絵をこしらえてきました。

井口　かわいいな～。山の中腹に学校が立っていますが、長野市もこんな感じですか？

もう中　そうですね。のんびり風景な感じです。

井口　この連載をスタートした当初から、もう中さんをお招きしたいなと思っていて。

もう中　ええ～？　うれしい！

井口　昔から芸風が好きだったんです。10年近く前に「IPPONグランプリ」に出ていたのを見て、ネタだけじゃなく大喜利も面白い人なんだなと知って。あと実家に帰ってテレビをつけると、夕方のローカル番組に大体もう中さんが出ていたり（笑）。それもあって、僕にとってなじみが深かったんです。

もう中　つまり、常に隣にもう中学生がいたと。

井口　そうですね（笑）。もう中さんって、ずっとお若いですよね。

もう中　愛されて38年（対談当時）です。

井口　じつは一昨日、知り合いに誘われて初めてお笑いライブを見に行ったんです。それが偶然、もう中さんが出ている回で。

もう中　ええー！　来てくださったんですか？

井口　はい。「肉骨ゲーム」見てました（笑）。

もう中　うわぁ、もっといいネタやればよかった。

井口　あれが通常運転じゃないんですか？

もう中　本当は、「夏はハムをCDプレーヤーに入れると曲かかりますよね……んなわけないか

～」って言おうと思って舞台に上がったんですけど、興奮して飛んじゃって。

井口　ふふふ（笑）。逆にステージ上でひらめいて言っちゃうこともあるんですか？

もう中　はい、とっさの一言が名作となったものもあります。「母が笑うことはカーナビに入れやすい」っていうのがそれです。

井口　母が笑う？

もう中　なぜなら、母が笑うので「ははは、ははは」じゃないですか。「は」を5回押すだけなので、「しんじゅく」よりずっと入れやすいんです。

井口　ちょっと待ってください。今までの会話、全部ネタみたいなんですけど（笑）。

もう中　うははは！

井口　有吉弘行さんのラジオでバズって（編注：もう中さんは2020年8月2日放送の「有吉弘行のSUNDAY NIGHT DREAMER」にゲスト出演。2人の絶妙なやりとりに称賛の声が上がった）、あれが現在の再ブレークにつながるきっかけだったんですか？

もう中　そうですね。数年前から東京の仕事が減り、ほぼお地元だけになっていたので、もう帰ろうと思っていたんです。そんな時、有吉さんがラジオとかで名前を出してくださって。母ちゃんにも「有吉さんがこうやって言ってくださっているから、諦めずにもうちょっと頑張ってみるね」と話して。その思いだけでこの世界とつながっていました。

井口　諦めかけていた時期もあったんですね。

もう中　やっぱりどんどんお仕事がふんわりしていったので、そろそろ潮時かなと。あと、段ボールを運ぶのが肉体的にちょっとキツくなったり。

井口　確かに、以前と比べてほっそりしてますね。

もう中　最近はバレないように段ボールをちょっ

とずつサイズダウンしていますけど。

井口　そうでしたか（笑）。今日は手で運んできた？　横須賀ちゃん？

もう中　ズルしてタクシーで。僕は電車をちゃん付けで呼ぶ風習がありまして。

井口　ははは！　今回は文字起こしが大変なことになりそう（笑）。

もう中　普段は横須賀ちゃんに乗って移動するん

あの一言がなかったら、きっと脱・段ボールしてました

井口　もう中さんは先輩からめちゃくちゃ愛されていますよね。「有吉の壁」にもほぼ毎週のように出ていますけど、なんか〝敵なし〟って感じがします。誰も敵にならないし、みんな味方でいたいっていう。

もう中　あら〜、うれしいです。

井口　あれだけ手の込んだ段ボールを毎回どうやって準備しているんですか？

もう中　なんとか準備させていただいておりま す！

井口　すごいなあ。

もう中　芸歴7年目の09年ごろ、テレビにたくさん出させていただいたんですけど、半年くらいでストックが切れてしまって。「他に新ネタない？もっと面白いものを見せてよ」って言われても何も出せなくて、パタッと番組に呼んでもらえなくなってしまったんです。

井口　シビアですね。

もう中　それで、もしまたテレビにたくさん呼んでもらえることがあったら、今度は絶対にネタ切れにならないようにしようと。もう一日たりとも無駄にしないぞ、ハサミを触らない日がないように生きていくぞと心に誓ったんです。11〜21年の10年間は毎日何かしら作り続けていました。

井口　他の芸人さんのネタと比べて、すごく準備が必要ですよね。それが苦しいと感じることはないですか？

もう中　何度もありました。あと、誘惑も。「布製にしたら移動がもっと楽になるかも」とか。

井口　ははは！　材質ですね。

もう中　「拡大コピーしたら？」とかいろんな誘惑があったんですけど、せっかくやってきたことだからやり続けようと思って。決定的なのは18年9月1日の出来事ですね。

井口　何があったんですか？

もう中　青森の仕事で、急に雨に降られて段ボールがびしょびしょになって。それを持って羽田空港に戻ってきてリムジンバスを待っていたら、東京にも雨が降ってきたんです。その時、また段ボールが濡れるなあと思ったら、無性に母親と話したくなって電話したんですね。で、「母ちゃん、40歳になったら段ボールやめようかな」って言ったんです。腰は痛いし、段ボールも湿気るし、空港で荷物流れてくるのはいつも最後。「みんなに迷惑かけていたことに今日気付いたよ」と言って切った。で、バスを待っていたら、帽子にメガネにマスクのおじさんがなぜか僕を見ているんですよ。もしかしたら僕の段ボールを狙っている？と思って……。

井口　それはないです（笑）。

もう中　ゆっくり近づいてきて、いきなり帽子とメガネとマスクをばっと取ったんです。知り合いかな、でも見覚えないなと思っていたら、「初めまして、江頭です」。

井口　ええー！

もう中　「それ、自分で運んでるんだ」「はい、運んでます」「重いよね。頑張ってね」と言って、スーッと行っちゃった。で、すぐに母親に電話して、「母ちゃん、今江頭さんがいきなり現れて『頑張ってね』って言ってくれたから、やっぱり段ボールやめるのやめた」と。その後、江頭さんのことをSNSで調べたら、同じ日の朝に北海道のパチンコ屋さんで上半身裸でポーズを取っていました（笑）。

井口　素晴らしい（笑）。上の世代の一番頑張っている人から言われたら、自分も頑張らなきゃってなりますよね。じゃあ、その一言がなかったら、40で段ボールをやめるかもしれなかったと。

もう中　きっと脱・段ボールしてました。

井口　段ボール以外で何をするつもりだったんですか？

もう中　ポットとか急須とか眺めて、「これで笑い取れないかな」と思ったり。これなら持ち運びも楽だしな〜って。

井口　ははは！　芸風で悩むのではなく、肉体的にしんどくて悩んでいたんですね。

ベージュ可愛や、可愛やベージュ

井口　この連載では、僕が対談相手からイメージしたものを持ってくることになっていて。ノリノリのもう中さんなので、吉本の劇場の売店で買ったおみくじを持ってきました。2本あるので、お好きなほうをどうぞ。

もう中　じゃあ、井口氏の左手にあるものを。

井口　お先に僕が開けますね……おっ、大吉です。

もう中　でぇきっちゃん！

井口　もう中さんは？

もう中　超特大吉っていうのが出ました。

井口　なんですかそれ!?

もう中　「最終的にその挑戦を諦めず、やめない事が後のうまく行き成功するに繋がるのではないかのぅ」ですって。

井口　まさに体現しているおみくじですね〜。お笑いを続けてこられたモチベーションはどこにあったんですか？

もう中　僕はお酒を飲まないし、ギャンブルもしないし、遊びに行ったりもしないんです。（段ボールを指さして）これしか好きなものがない。

井口　それはお笑いが好きなんですか？　それとも段ボールが好きなんですか？

もう中　あー……。

井口　悩むところなんだ（笑）。

もう中　段ボールって色が素敵じゃないですか。ベージュ可愛や、可愛やベージュ。いつも長野市の五輪大橋の近くにある段ボール屋さんで、ケーキ10個と交換してもらっているんですよ。

井口　今もですか？

もう中　今もです。以前は茅ケ崎あたりまで拾い

に行っていた時期もあったんですけど。

井口　大きさを求めて？

もう中　はい。都内にはなくて、移動しているうちに神奈川のほうまで行っちゃって。よくヘッドホンでサザンの「真夏の果実」を聞きながら段ボールを探していました。

井口　レコード屋でディグるDJのスタイルですね（笑）。

もう中　終電で茅ケ崎へ行って、夜中に海でネタを練習したり。あと、バカヤロー！って大声で叫んだり。不審者と間違われて警察に囲まれたこともありました。

井口　ふふふ。生活が段ボールまみれですね。

もう中　はい。振り返ってみると、モチベーションが途切れたことはない気がします。どんな時も毎月の単独ライブだけは続けていたし。

井口　それは一度ブレークしたけど、どんどん仕事が減っていた時期も？

もう中　そうです。14年にやると決めて、当初はお客さんが10人くらいだったんですけど。それでもなぜやっていたかというと……あっ、芋けんぴかもしれないです。

井口　芋けんぴ？

もう中　段ボールに絵を描いて、いいところまで進めたら芋けんぴを食べられるっていうルールを作っていて。

井口　自分へのご褒美ってことですか？

もう中　はい。「いいカラスが描けたら」とか、自分の中で目標を決めるんですよ。で、達成したら芋けんぴを食べるという。それがモチベーションかもしれないです。

井口　あの、ちょっとすいません（笑）。僕、勝手にエモい感じを期待しちゃってたんですけど。「目の前にお客さんがいるから」とか。

もう中　あら。

井口　続けてこられた理由は「芋けんぴが食べたいから」。

もう中　そうですね。

井口　ははは！

もう中　でもアルフォートも玄関に飾るくらい好きです。ヨットの絵が描かれているお菓子なんですけど。

井口　お菓子が大好きだと。

もう中　モチベーションはお菓子と、あと、10人くらいでも応援してくださっているお客様がいたから……。

井口　あっ、付け足した！

僕はまだ680円のブッ切りでいい

井口　お笑いを目指したきっかけは何だったんですか？

もう中　小学生の頃にダウンタウンさんに憧れて。あと、うちの父ちゃんがいつもお風呂上がりにおならをブーッとしていて、そんなふうに自分も笑いを取りたいなと。

井口　ずっと人を笑わせたいと思ってきたわけですね。

もう中　でも、高校生になったら僕より面白い同級生がいたので、もう諦めようと思って。せめて技術スタッフとしてお笑いの近くに行きたいなと考えて、高3の時に東京の専門学校を見学に行ったんです。少し時間が空いたので、新宿の小さな劇場でお笑いライブを見たら、すごく感動して。「ライブに1回だけ出たい。それさえ叶ったら専門学校へ行きます」と親に約束して、NSC（吉本興業の養成所）に通わせてもらいました。

井口　段ボールを始めたのはその頃ですか？

もう中　はい。みんなと同じことをしてもダメだ、どうしようと考えていた時、「段ボールでお笑いをやっている人はいないよな」と思いついたのが始まりですね。そして半年くらい経った頃、ふと周りを見渡すと、みんなは遊んだり女の子とデートしたりするのが楽しそうだった。でも僕は、家に帰って段ボールに絵を描いたり、お笑いのビデオを見たりするのが楽しかったので、母ちゃんに「僕、もうちょっとお笑いを続けてみたい」と話して。そこから死ぬ気でやり始めたんです。

井口　お笑いで生きていく覚悟を決めた、と。「自分は面白い」という自信はあったんですか？

もう中　いえ、昔も今も全然ないです。これネタ帳なんですけど、何をするにも毎回こんなふうに準備していて。

井口　うわ、これはすごい。

もう中　こっちはワード帳です。10年くらい前から書き始めて、自宅に10冊ぐらいあります。暇な期間が長かったので、ファミレスや川沿いでずっとメモっていたので。

井口　見てもいいですか……ん？　なんですかこれ（笑）。

もう中　「わしゃレディオヘッドか！」ですね。何かに例えてくれたりした時に言う機会がくるかもなあって。

井口　ははは！

もう中　これはわりと最近のノートなんですけど、自分の中では10年後に役立つようにと思って書いています。

井口　これだけの蓄積があるから、即興であんなワードが出てくるんですね。てっきりただの天才なのかと思っていました。

もう中　違うんですよ。芸歴7年目にたくさんテレビに出させてもらった時、自分の準備が足りていなかったという後悔がありすぎて、その後ずーっとそれを反省しながら過ごしてきたんです。悲しませたり迷惑をかけたりした人がいっぱいいるので、そういう人たちにいつかまた自分の姿を見てもらえたらなあって。

井口　もう中さんは優しい方というイメージがありますけど、その根源を見た気がしますね。全部気にして、反芻して、誰も傷つけないようにしてきたんだなあって。続けてきて本当に良かったですね。

もう中　はい。今日こうして井口氏と会えたことも含めて、毎日本当にうれし涙が出てきます。朝と夜に2回。

井口　朝晩で（笑）。もう迷いはないですか？

もう中　そうですね。これからも毎日ハサミを握ろうと思っています。こういうことを母ちゃんに言うと、「息抜きしたり、豪華なお刺し身でも買って食べな」って言われるんですけど、「いや、僕はまだ680円のブツ切りでいい」って。

井口　はぁ〜かっこいいなあ。

もう中　いや、リアルに昨日のイトーヨーカドーの鮮魚コーナーでの会話です。

井口　これからも心から応援させていただきます！

＊2021年7月収録

楽しさいっぱい

前向駐車

6人目のゲストは、映像ディレクター・プロデューサーの上出遼平さん。まず最初に白状してしまうが、僕は今回、危うく大失態を犯すところだった。

この夏、僕はパンク寸前だった。初めての主演映画のクランクイン、複数の音楽フェスのリハーサルと本番、エルメスの北海道ロケ、メディア取材等々。様々な種類の仕事が一斉に押し寄せてきて、僕の小さなキャパを遥かに超えてしまっていた。自分史上、一番忙しい1カ月だったかもしれない。

頭の中の大部分を占めていたのは、やはり映画の撮影だ。隙間の時間があれば台本を開いて暗記。フジロックの本番前にも暗記。台本を開けない場所では、イヤホンから台詞を流して暗記……。

そんなわけで僕は、上出さんへのお土産のことをすっかり忘れてしまったのだ。

理由はたぶん忙しさだけではない。上出さんとは一度、プライベートの集まりでお会いしたことがあった。「初めまして」ではない間柄の対談相手は今回が初めてだったから、少し油断があったのだろう。

また、上出さんが手掛けている「ハイパーハードボイルドグルメリポート」は大好きな番組で、単行本もしっかり読み込んでいたから、対談にあたっての準備もとくに必要なかった。質問だって実際に話をしながらいくらでも思いつくだろう。そんな慢心もあった気がする。

とはいえ、まさか逆にプレゼントをいただく展開になろうとは……。一つだけ助かったのは、上出さんも僕と同じく、メガネを掛けている人だったことだ。

06

上出遼平

映像ディレクター・プロデューサー

かみで・りょうへい／1989年、東京都生まれ。2011年、テレビ東京に入社。〝ヤバい世界のヤバい奴らのヤバい飯〟をテーマにした番組「ハイパーハードボイルドグルメリポート」の企画、演出、撮影、編集までを担当。22年6月、同局を退社しフリーに

ひとことで言えば、〝人間は素晴らしい〟

井口　今日は楽しみにしていました。先日、PERIMETRONのつながりで初めてお会いした時は、あまりちゃんと話せなかったので。
上出　「ハイパーハードボイルドグルメリポート」を書籍化する時に、推薦コメントを寄せてくださって、ありがとうございました。
井口　どうして僕に声を掛けてくれたんですか？
上出　井口さんが番組を熱心に見てくださっていることは、鬼のエゴサーチによって把握していたので（笑）。
井口　なるほど。僕は番組の大ファンなので。こんなに面白い番組があるのか！って。
上出　うれしいな〜。
井口　「ハイパー」は人間賛歌ですよね。
上出　ひとことで言えば、人間は素晴らしいってことです。
井口　〝ヤバい世界のヤバい奴らのヤバい飯〟を見せてもらう、というコンセプトに着地したのはどうしてですか？
上出　重いテーマを扱ううえで、どうやってエンタメにしようかと考えた時、当事者の飯を映せば面白いだろうなと。飯には人生が凝縮されていると思うので。あと、最短の時間で被写体の心を解放させるには、やっぱり飯が早いよなあって。要は「突撃！隣の晩ごはん」です。
井口　なるほど（笑）。理にかなっていますね。
上出　とはいえ、1発目のリベリアのロケをするまでは、番組として本当に成立するのか？って超不安でしたけど。
井口　あれは強烈でした。

上出　ロケの最終日にラフテーという娼婦に出会えた時、「あ、大丈夫だ」と思えました。もし彼女に出会えていなかったら全然違ったと思いますね。こうやって井口さんと話をさせていただくこともなかったでしょうし。人生変えられましたよ、彼女に。

井口　1回どれくらいの期間ロケするんですか？

上出　ケース・バイ・ケースですが、長くて5日間とか。

井口　わあ、結構短いですね。

上出　弾丸スケジュールです。

井口　今何をすべきかって、24時間緊張状態でしょうね。

上出　はい。でも、それが2週間になったらもっとよくなるかというと、わからないですからね。危険な場所に長く留まれば、その分リスクも上がるし。カネ持ってそうな日本人がいるぞっていう情報がすぐに回っちゃうんで。

井口　なるほど。

上出　だから、安全を担保するためには、とにかく速攻でやっていくのが大事。

井口　現地でカメラを回しながら、「これで1本できた」ってわかるものなんですか？

上出　僕には映像を通じて視聴者を旅に連れていきたいっていう思いがあって。だから、ロケしながら自分がゾッとしたり、ワクワクしたり、驚いたりできていれば、そのまま映像をつなげば成立するだろうと自分に言い聞かせています。

井口　僕はウラジオストクの建設現場で働く北朝鮮労働者の話が好きで。早朝から深夜まで過酷な労働を強いられながらも、笑顔を浮かべて働いていた。娼婦のラフテーにしても、ご飯を食べながら「私は億万長者になりたい」って言いますよね。なんか、どの人にも夢があって、そこにポジティブさや笑いもあるということに、シンプルに胸を打たれたんです。でも実際金持ちになるのは難しいんだろうなと思うと、すごく切なくなるんですけど。

上出 見ている方にまさにそういう経験をしてもらいたいなと思っていて。「この人は不幸100％、この人は幸せ100％」みたいにどうしても思ってしまいがちなんですけど、すべてはグラデーションですから。テレビはいつも善悪の二元論にはめ込んで描こうとしますけど、僕は見てきたものを可能な限り複雑なまま伝えたい。

でも、優しい王様でいたいですけどね

井口 山登りがかなりお好きなんですよね？

上出 上に登ることは好きじゃないんですけど、長い距離を歩くことが好きで。

井口 どうして上に登るのは好きじゃないんですか？

上出 何と競ってんのかな？って思っちゃう。

井口 競ってるつもりはないんですけどね（笑）。頂上から見る景色には興味がない？

上出 ないことはないです。この前も奥多摩から清里まで1週間くらいかけて一人で歩いたんですけど、頂上への道と迂回ルートの案内板が出てくると、つい頂上に行きたくなっちゃう。

井口　で、行くんですか？

上出　たまに行く。僕の弱さですね、それは。

井口　弱さ（笑）。

上出　行かなかったことを後悔するかも、という気持ちにあらがえなかった。反省。

井口　それって、映像を撮っている時も思いませんか？

上出　だからこそ、山歩いている時ぐらいは逃れたいんです。「頂上を踏む」という形式に辟易しているというか。

井口　ははは！　きれいな結果を求めたくない、みたいな。

上出　うん、近いですね。

井口　それってドキュメンタリーをやっている人特有の感覚かもしれない（笑）。

上出　みんながいいと思うものがいいっていうことから逃れたいんですよ。自分のものさしを持たず、肩書やお墨付きを妄信している人が多いけど、それは嫌なので。

井口　それは僕も感じます。「芸大卒のバンド」っていまだに言われるし。じゃあ、山登りをしつつ、そういう価値観と闘っているわけですか？

上出　そうですね。あとは、恐怖を味わいたい。

井口　わざわざ山へ行かなくても、仕事で危険な場所に身を置いているじゃないですか。

上出　自然の中に入っていく時の恐怖って、ちょっと違うんです。人間が元々感じるべき恐怖というか。都市で暮らしていると偉そうになる自分がいるんですけど、山の中に入ったら何が起こっても自分のせい。そういう意味で、自分の鼻をへし折りに行っているところもある気がします。

井口　傲慢になりたくないということですか。

上出　なっちゃいませんか？　King Gnuっていったら王様ですからね。

井口　でも、優しい王様でいたいですけどね。

上出　いいですね～。井口さんは歌だけじゃなく俳優業もやられていますけど、なぜ？

井口　バンドが軌道に乗って、ちょっといい所に住み始めてみると、自分の感覚が死んでいくんじゃないかっていう恐怖を感じて。それが理由のすべてではないですけど、慣れていない役者業をやってみると、「うわ、全然ダメじゃん」と絶望するし。それが逆に前へ進む原動力になっている気がします。必要なネガティブさというか。

上出　井口さんの俳優業と、僕の山登りは一緒ですね。

井口　ははは！　ちょっと待って（笑）。僕が恥ずかしい感じになってますけど。

上出　そんな井口さんにプレゼントを持ってきました。

井口　ん？　アボカド柄のポーチ！　可愛いっすね。

上出　キューベンファイバーというハイテク素材でできていて、めっちゃいいですよ。山登りの際はぜひ。

井口　使わせてもらいます。……うわっ、しまった！

上出　どうしました？

井口　この連載では毎回、ゲストからイメージしたものを持ってくることになっているんですけど。

上出　それで？

井口　（カバンをあさりながら）ええっと……上出さんはメガネをかけているじゃないですか？なので、強力な曇り止めを用意してきました。一応、ちゃんと新品です。

上出　なんと優しい王様！

世界平和ね…久しぶりに聞いたなあ（笑）

井口　「ハイパー」の本を読むと〝におい〟を感じるんです。エボラ出血熱に感染したリベリア人女性の家でご飯を食べる場面では、ビニールが焼けるにおいで鼻の奥がツーンとしたり。

上出　においはすごく大事。例えば空港に降り立った瞬間とか、何かを燃やしている時とか、そういう記憶の断片とにおいって直結していて。

井口　パームオイルでしたっけ？　僕は一度も嗅いだことがないはずなのに、なんとなく想像できるんです。

上出　うれしいなあ。ちなみに、六本木にリアルなアフリカ料理を出す店があるんです。店員さんが黒人の男性1人で、基本ヘッドホンで音楽を聴いていて、なかなか気づいてくれないんですけど。

井口　何がおすすめですか？

上出　フフもあるし、本に出てくる料理は大体あります。ただ、そんなにおいしくないかもしれない。僕も一人では全然行かないし。

井口　クセにはなっていないんですね（笑）。ロケ地では中華料理ばかり食べてるって本に書いていましたね。

上出　中華料理屋のない国ってほとんどない気がします。

井口　だいたい同じ味？

上出　うん。青島ビールも絶対にある。中国好きですね、僕は。井口さんは？

井口　6歳ぐらいの時に家族旅行で上海へ行ったけど、あんまり覚えてなくて。上出さんは中国にも行くんですか？

上出　はい、学生時代に支援活動でよく行きまし

た。ハンセン病患者の隔離村があって。

上出　隔離村、ですか。

井口　20人くらいのお年寄りが暮らす村があるんです。日本では今は隔離されていないけど、中国やインド、ブラジルなんかではいまだに隔離が続いていて。手足が欠けてしまったり、視力を失ったお年寄りが暮らしています。

上出　なぜ支援活動に参加しようと思ったんですか？

井口　立派なことをしたいなんて思いは全然なくて、「この時代に隔離されている村があるの!?」っていう、ちょっと邪な興味でした。その小さな村はトラックで山を二つ越えた先にあって、電気も水道もないんです。一度行くと大体1カ月くらい滞在するので、麓の町で米とか冬瓜とか腐りにくい食材を買って持ち込んで。村で飼っている鶏を捕まえて首をはねて食べていました。

上出　自給自足の生活なんだ。

井口　うん。村の人たちは、小学校低学年とかの時に親元から引き離されて、それ以来一歩も外に出ていない。そんな彼らと筆談していると、想像できないレベルの悲しみってあるんだなと。ハンセン病って一見すると怖いんですよ。外見が変わってしまうから。でも、感染するリスクは低いし、感染しても栄養状態さえ悪くなければ発症しない。特効薬もあるから、仮に発症しても大丈夫。だけど、みんなその事実を知らないから、彼らはいまだに隔離村から出られないんです。

上出　病気の問題ではなく、教育の問題ですね。その時の経験がドキュメンタリーを撮りたいと思うきっかけに？

井口　そうです。みんなが事実を知れば、僕らみたいに一緒に飯を食ったりできるはずなのにって。知らせることが大事なんだなと思った原体験がそこですね。きれいすぎる話だけど。

井口　なるほど。唐突ですけど、上出さんは世界平和とか思ったりするんですか？

上出　世界平和ね……久しぶりにその4文字を聞いたなあ（笑）。色んな国でロケをしてきて思うのは、結局は居場所の問題だということ。それぞれが自分の居場所を求め、それが争いを生んでいる。地球が足りないっすね。

井口　地球が足りない。

上出　うん。でも地球は増やせないから、世界平和を望む人を増やすしかない。

あなたは今、幸せですか？

井口　2019年に亡くなったイノマーさんの最期の日々を記録した映像もすごいものでした（編注：上出さんは口腔底がんで闘病していたオナニーマシーンのボーカル・イノマーさんに密着し、亡くなる瞬間まで撮り続けた。その映像は「家、ついて行ってイイですか？」の特別編として放送され大反響を呼んだ。21年1月度ギャラクシー賞月間賞を受賞）。元々つながりがあったんですか？

上出　僕、15年くらい前に〝タンポンズ〟というバンドを組んでいて、そのバンド名を付けてくれたのがイノマーなんです。中3の時に彼らのライブに衝撃を受けて、「名前を付けてください！」とお願いして。そこからですよ、僕の人生の歯車が狂い始めたのは（笑）。

井口　長い付き合いだったんですね。

上出　ただ、大学に入る頃にはライブにもあまり行かず、疎遠になっていたんです。でも突然マネジャーから連絡がきて、「余命マジねえから、撮りに来いよ」と言われて。それで仕事の合間に撮り始めた感じです。

井口　何を残そうと思って撮っていたんですか？

上出　なんですかね……。すごく簡単に言うと、カッコよかったんです。バンドのフロントマンとしてのカッコよさよりも、もっと奥行きのあるカッコよさが病床にあるような気がして。ある時、某バンドの方が病室に来て「オメエ、何撮ってんだ？　撮るのはステージ上の姿だけでいいだろ！」って詰められたんです。だけど僕は「なんでイノマーのカッコよさがステージ上だけに留まると思っているんだろう？」と思ったし、彼自身も最期の姿を残したいと思っているんじゃないかなと。

井口　とくにどんな姿が印象に残っていますか？

上出　亡くなる2カ月前に人生最後のライブを豊洲PITでやったんですけど、歌い終わった彼が楽屋で倒れ込んでしまったんです。そんなギリギリの人間に対して僕は、「53年間生きてきて、どうでした？」と質問しました。その答えを僕は生涯忘れないと思います。

井口　上出さんは「ハイパー」でもよく「幸せですか？」と質問しますよね。

上出　本音を言えば聞きたくないんです。不躾だし失礼ですから。でも、聞かなきゃいけないような気がするんです。

井口　自分も同じ質問ができるかはちょっとわか

らないですけど、「幸せかどうかなんて聞いてはいけない」って思うのは、「幸せじゃないに違いない」という先入観の表れなのかもしれないですね。

上出　うん。そこは明確にハンマーでぶち壊さないといけないっていう意識があるんだと思う。

井口　覚悟ですよね。あと、本当の意味で優しさがないとその質問はできないよなと聞いていて思いました。表層的なところでしか見ていなかったら、投げかけられない言葉だったりするから。

上出　僕がいつも大切にしているのは、当たり前だけど相手をリスペクトすること。人間って経済的な尺度でものを見てしまいがちですけど、そういう価値観を取っ払わないとつながれないと思うんです。自分の弱さを自覚したうえで、例えばケニアのゴミ山で暮らす青年ジョセフと出会うと、彼の強さにシンプルに打ちひしがれるというか。

井口　なるほど。これからもヤバい場所へロケをしに行くんですか？

上出　そうですね。いつか井口さんも一緒に行きましょうよ。音楽ができれば言葉なんて必要ないのになあって何度も思ったんで。新番組「いぐりんのアフリカ音楽紀行」ってどうですか？

井口　ふふふ。まあ、いずれ行きましょう（笑）。

＊2021年8月収録

7人目のゲストは、大学時代の恩師・櫻田亮先生。自分が先生と対等に話している状況を想像するだけで緊張するし、何とも言えない気恥ずかしさもある。

僕から先生に何かをプレゼントするというのも、すごく新鮮な感じだ。先生から何かをいただくことはあっても、僕から贈り物をするなんて考えたこともなかった。師匠と弟子というものは不思議な関係だなとつくづく思う。

イタリア暮らしが長かった先生は、いつもお洒落なものを身につけていた。とくに印象に残っているのがメガネだ。ちょっと変わったイタリア製のフレームを掛けていたことをよく覚えている。

よし、先生にメガネを贈ろう。僕がいつも使っているブランドに、すごくかっこいいフレームを見つけた。生産数が少なく、これが最後の一本らしい。本当は僕が欲しかったけれど、先生のほうがよく似合いそうだ。これを渡した瞬間から、先生との新しい関係がまた始まったらいい。そんな願いを込めて。

ここから先は後日談だ。いつだったか、先生が冗談めかして「この先、もし東京ドームでライブをすることがあったら、その時は呼んでくれよ」と僕に言ったことがあった。それから月日は流れ、2022年に念願のドーム公演が実現。でも僕は先生を招待できなかった。弟子が師匠を呼ぶなんてやっぱり失礼なんじゃないか、と躊躇したのだ。ライブの後、久しぶりに先生からメールがきた。「実はドームに来ていたんだよ」。先生は、自分でチケットを買って観に来てくれていたのだ。

師匠の器は、弟子のちっぽけな物差しでは測れないほど、深くて大きい。

恩師にイカしたサングラス

07

櫻田 亮

東京藝術大学音楽学部声楽科教授

さくらだ・まこと／１９６８年、北海道生まれ。テノール歌手。東京藝術大学大学院音楽研究科修士課程修了。欧州の音楽祭や、バッハ・コレギウム・ジャパンの公演など、国内外で活躍中。２０１３年から東京藝大で教鞭を執っている

声楽家っていうのは、いろんなジャンルの歌を歌えてこそだよ

井口　ご無沙汰しています。直接お会いするのは3、4年ぶりですね。
櫻田　あれはKing Gnuがものすごい勢いで売れ始めた直後ぐらいのタイミングだったかな。
井口　はい。卒業する櫻田門下生を送る会でした。たしか上野のアメ横の飲み屋でしたよね。
櫻田　突然やってきたから本当にびっくりした。「お前大丈夫なのか？　こんなところにきて」って（笑）。
井口　久しぶりに先生の顔を拝ませてもらおうと思ったんです。学生時代にあれほどお世話になったのに、卒業してからは全く挨拶できていなかったので。
櫻田　今日はどこまで話していいの？　色々と思い起こしてみたんだけど。
井口　いやいやいや（笑）。
櫻田　井口は学生の頃からムードメーカー的なところがあったよな。
井口　ははは！
櫻田　門下生を中華の食べ放題に連れて行くと、みんな注文しすぎて、毎回最後に井口がひどい目に遭ってね。
井口　はい、みんなの食べ残しを全部食べてました（笑）。懐かしいです。
櫻田　ハメを外した井口を説教したこともあったね。「人に迷惑をかけちゃいけないよ」って。

井口　うわ〜、あの件ですね。

櫻田　まあでも、後にも先にもあの1回だけだったからね。基本的にはすごくまじめな学生でした。

井口　その節はご迷惑をおかけしました！

櫻田　ふふふ。当時の僕は教員1年目で、最初に受け持った井口たちにはやっぱり特別な思い入れがあって。初めて顔を合わせた時のこともよく覚えてる。「細っ！」って思ったから。

井口　細かったですね、たしかに（笑）。今より15キロぐらい痩せていました。僕が今でも鮮明に覚えているのは、「実はバンドをやりたくて、クラシックのほうには進みません」って先生に言いに行った日があって。

櫻田　覚えてるよ。あれは3年生の時だよね。

井口　はい。大学院を目指すのか目指さないのかっていうタイミングで。すごく緊張しながら、バンドのCDを持って先生のところへ行きました。

櫻田　あの時、そんなに緊張してたのか。

井口　ガチガチで泣きそうでした。ある種の裏切りでもあるから、一体どんなふうに言われるんだろうって。でも、先生の生き方というか、考え方の自由さだと思うんですけど、すぐ一言目に「頑張りなよ」と言ってくれて。声楽家っていうのは、クラシックのみならずいろんなジャンルの歌を歌えてこそだよと言ってくださったのが、ものすごく励みになりました。

櫻田　井口の話を聞いて思ったのは「同じ音楽じゃん」ってこと。クラシックではなくても、これからも音楽をやりたいと思ってくれているんだから、止める理由なんて一切ない。それに、同じ音楽でも好きなジャンルで伸び伸びやるほうが絶対に力が出るはずなので。

井口　そうやって優しく背中を押してくれた先生の言葉が、その後の僕を支えてくれたんです。

櫻田　でも、バンド活動をやりながらクラシックの勉強をするのは、きっとキツかったよな。声の出し方とか、歌う時のフレーズの作り方とかがずいぶん違うじゃない？　そういうギャップをよくこなしていたなと思う。

井口　確かにキツかったんですけど、先生からクラシックを教えてもらうのはすごく楽しかったし、自分の身になると思ったからできたんです。もし櫻田先生じゃなかったら、たぶん僕は途中で大学を辞めていたと思います。

「できる」っていうのは、自由ということ

井口　大学1、2年の頃、クラシックを歌うのはすごく楽しかったんですけど、試験でどうしても上位に入れなくて。「自分には向いていないのかな」と思っていた矢先に常田（大希）に誘われてバンドを始めたんです。模索している時期だったんですよね。

櫻田　当時、井口の歌を聴いて僕がまず惹かれたのは、「声のきれいさ」と「繊細な表現力」の二つ。2年生の時にレッスンでドナウディの楽曲をやらせたでしょ？

井口　はい、やりました。

櫻田　感情豊かに表現しなきゃいけないところを

すごく上手に歌っていたのが印象的でね。たしかに成績上位ではなかったけど、声の柔らかさとか繊細さを生かした表現力はその頃から持っていた。それは今、King Gnuの楽曲を歌う時にも生かされていると思うよ。

井口　ありがとうございます（笑）。改めて言われると変な気持ちになります。

櫻田　こういう話はしないもんな。

井口　絶妙な距離感でしたよね。身の上話みたいなこともほとんど話さなかったじゃないですか。先生が歌を目指したきっかけは何だったんですか？

櫻田　高校で最初に友達になったのがたまたまコーラス部の子で、その子に誘われて始めたのがきっかけ。その後、高3の時にきた教育実習の先生に「声楽をやってみないか」と誘われて、本格的に声楽の勉強を始めた。

井口　どうしてそこまで歌にハマったんですか？

櫻田　コーラス部で合唱をやってみたら楽しかった。それだけだね。みんなで一緒に歌を歌う喜びっていうのを、そこで見つけたんだと思う。それが自分の出発点。

井口　だからなんでしょうね。櫻田先生って、ソロで歌ってもめちゃめちゃうまいですけど、バッハのカンタータとかをみんなで歌っている時もすごく輝いていて。

櫻田　僕はアンサンブルが好き。和声が一番美しく響くバランスを探るのが楽しくて、それが見つかった時の喜びは何ものにも代えがたい。

井口　先生のルーツが聞けてよかったです。歌をやめたいと思ったことは？

櫻田　ないですね。それはすごく幸せなことだと僕自身も思う。ここまで喉の大きな故障もせずにやってこられた一番の理由は、自分の喉＝楽器に合ったレパートリーに出合って、それを専門的に演奏することを続けられたから。

井口　なるほど。

櫻田　学生にもよく言うんだけど、「好きなこと」と「できること」をちゃんと見分けようと。好きだけど、その楽器に合っていないこともある。僕も元々はイタリアのヴェルディやプッチーニとかが好きで、今メインに活動している古楽という分野は最初はそんなに好きではなかった。

井口　ドラマチックな音楽がお好きだったんですね。

櫻田　うん。でも僕の楽器には合わないわけ。好きだから歌うんだけど、ダメージが残って尾を引いちゃう。そこから少しずつ古いレパートリーもやり始めたら、そっちのほうが伸び伸びできるなと。だから好きじゃないものでも、やってみてできると好きになる。「できる」っていうのは、自由ということだからね。

井口　僕も今こうしてバンドをやっているのは、そういうことなのかなっていう気がします。

櫻田　井口のいいところが発揮できる音楽に出合ったっていうことだよね。そうじゃなきゃ、こんなに多くの人を魅了する存在にはなれないから。

井口　自分の居場所を探していたんでしょうね。

櫻田　うん。今自分たちが好きなことを思う存分やれていることに感謝して演奏しなきゃなって思う。

世界的に見ても、こんなバンドはなかなかいない

櫻田　King Gnuの楽曲は難しいなと思うことがよくあって。
井口　ふふふ。
櫻田　難しいよな？
井口　はい、めちゃめちゃ難しいです、本当に。
櫻田　常田（大希）君の作る楽曲はどれも複雑で、ボーカルを聴いていると「よくこんなの歌えるな～」って思わず感心しちゃう（笑）。最近聴いた曲では「泡」のリズムね。
井口　ああ～。
櫻田　あの揺れる感じは、クラシックの人は結構苦手だと思う。
井口　きっと櫻田先生はできますよね。揺れ方がわりと古楽的だから。
櫻田　ちょっとジャジーな感じもあってね。
井口　ちゃんと聴きこんでいただいているんですね（笑）。ありがとうございます。
櫻田　あと、これも難しいと思ったのが「千両役者」。半端ないよな、あの転調。一体どこ行くんだよ？って。
井口　たしかに普通じゃないです（笑）。
櫻田　聴きながら思ったのは、たぶん常田君はカラオケバトルとかで歌われたくないんだろうなっていう。
井口　ははは！
櫻田　難しくて簡単には手を出せないだろ？って。そんな気がしてしまうほど、凝りまくっている。
井口　もし櫻田先生の下でバッハを習っていなかったら、僕にも歌えなかったと思います。先生の古楽のアプローチが体に入っているおかげです。

櫻田　バッハ推しでありがとう（笑）。King Gnuの楽曲の持つ、ああいう器楽的な歌い方って、相当練習しないとできない。だいたいさ、僕には出せない音域だし。

井口　いやいや、先生は絶対歌えますよ。

櫻田　クラシックのレパートリーをやっていると、テノールはあの音域を滅多に使わないから。僕も井口が出している音域って使わないいし、出ない。だけど、井口は自分で研究して、あの音域を柔らかく繊細な音色で出せるような技術を開発し、独学で身につけた。それが本当にすごいと思う。

井口　めちゃめちゃうれしいです。

櫻田　エネルギッシュで躍動感のある楽曲から、静かに聴かせるバラードまで、色々なスタイルを歌い分けるのって大変でしょ？　僕が聴いた中で、井口のボーカルの良さをすごく感じることができたのは「The hole」という楽曲。旋律もきれいだし、歌詞の世界と井口の歌い方が胸に迫ってくる素晴らしい曲だなと思いました。

井口　ありがとうございます。

櫻田　あと、King Gnuの特異なところって、井口と常田君がツインボーカルになった時、オクターブユニゾンするでしょ。普通はハモらせるけど、ユニゾンでなんとも言えない音色を出している。あれって実は、ボーカルの二つの音がぴたっと揃ってないと一つの音に聞こえないんだよね。「これ、もしレコーディングで一発で決めているなら、君たち天才だな～」って思いながらいつも聴いてる。

井口　いや、だいぶ苦労しています（笑）。

櫻田　だろうね。難しいもん、だって。世界的に見ても、こんなバンドはなかなかいないんじゃないかな。

井口　でも、あのユニゾンは歌っていて気持ちいいです。そうしない楽曲もあるんですけど、やっぱりどこか物足りない感じがしてしまいます。

櫻田　独特な倍音が出るんだよね。どちらか一方の音色が変わるだけで、倍音の出方って変わるから、常田君と井口のユニゾンだからこそあの音になる。まさに唯一無二のサウンドだよ。

井口　そうですね。先生のおっしゃる通り、あれがKing Gnuサウンドなんだと思います。

先生の今の言葉で救われました

櫻田　今回、対談相手に指名された時、正直ちょっと躊躇したんだよ。

井口　どうしてですか？

櫻田　井口がKing Gnuとして活躍していることに対して、僕は全然貢献していないような気がして。

井口　とんでもないです。今でもライブ前になると必ず先生から教わった発声をやっていますよ。開口・閉口ハミングとか。

櫻田　えー！　一番最初に教えたことだ。

井口　はい。みっちり4年間やりましたから。いまだに自分のベースになっているのは確実に櫻田先生の発声です。

櫻田　それはうれしいなあ。大学ではクラシックのレパートリーを歌いこなすための技術を身につけてもらいたかったけど、残念ながらうまく噛み合わなかったじゃない？

井口　はい。

櫻田　だけど、卒業した後も井口は努力を続けて、自分の楽器の特徴を最大限に生かせる使い方を一人で見つけ出した。これって本当にすごいことだよ。演奏家というのはこうあるべきなんです。僕は井口のことを尊敬する。

井口　先生からそう言われるともう……。ここまでやってきてよかったってしみじみ思います。「もっと伸びやかな声だったらよかったのに」とか四六時中思っていたあの頃の自分に聞かせてやりたい。

櫻田　楽器を演奏する人だったら、いい楽器に取り換えることができる。でも、声楽の人にはそれができない。その宿命を受け入れて見事に乗り越えたからね。

井口　先生からクラシックを習って、でもそこでは実を結ばなかったということに対して、僕自身すごく心残りがあったんです。学生時代に戻りたいとは思わないですけど、「あの時こうしておけば」と考えてしまったり。でも、先生の今の言葉で救われました。やっとあの4年間を自分の中で受け入れられそうです。

櫻田　井口が今こうして楽しみながら音楽をやっている姿は、若い演奏家にとって励みになると思う。だから、これからもボーカリストとしていい活動を続けてほしい。それと同時に、もっともっと活動の幅が広がっていくのを楽しみにしています。先日、餃子屋のドラマを拝見しました。

井口　うわあ、観られちゃった～（笑）。

櫻田　井口理という表現者が自分自身の可能性を広げようとしている姿に見えた。音楽とは違うジャンルにも楽しいことを広げていこうとしているんだなって。

井口　はい。表現するのが好きだから、それでやっているんだと思います。

櫻田　この先、井口がどうなっていくのか見ているよ。

井口　ありがとうございます！　最後に、先生にお渡ししたいものがあるんです。

櫻田　ん？　何だろう。

井口　この連載では対談相手から僕がイメージしたものを持ってくることになっていまして。先生は昔から眼鏡がお好きじゃないですか？　いつも変わった眼鏡を掛けていて。

櫻田　そうね、イタリアで買ったものを掛けていたかな。

井口　これ、カーニーっていう日本のブランドのフレームなんですけど、ぜひ受け取ってください。

櫻田　おお〜。レトロなデザインでかっこいいな〜。

井口　僕の御用達のブランドです（笑）。きっとお似合いなんじゃないかなと思って。

櫻田　感動して泣きそう。

井口　あ！　めちゃめちゃ似合いますね。

櫻田　大事に使わせてもらいます。今日は楽しかったよ。すっかり雲の上の人みたいになっちゃって、こんなふうに親しげに話してもらえないんじゃないかと思っていたから。

井口　やめてください（笑）。櫻田先生は今までもこれからも、ずっと僕の師匠です。

＊2021年9月収録

8人目のゲストは、ポルノグラフィティの岡野昭仁さん。ボーカリストとしての僕の源流ともいえる存在だ。

岡野さんとは、この対談の半年近く前にレコーディングをご一緒していて、すでに気心の知れた関係になっていた。

僕は相手が先輩でも無意識に失礼なことを言ってしまう傾向があるのだが、岡野さんはそんな僕をいつでも優しく受け入れてくれる。裏表が全くないし、誰に対しても決して偉そうにしない。本当にカッコいい大人として僕の目には映っている。岡野さんの背中を見て「ついて行こう」と心から思えるのは、ボーカルの説得力はもちろんのこと、その人柄の素晴らしさによるところも大きい。隣にいて居心地がいいのだ。

レコーディングで同じ時間を過ごすうち、もしかしたら僕と同じようなコンプレックスを抱いているのかもしれない、と思う瞬間が何度かあった。僕はクリエイティブを主とする人たちに対して、どこか負い目のようなものを感じることがある。それは、本来は抱く必要のない感情かもしれない。でも、だからこそ、誰よりも楽しんで歌を歌えるんじゃないかと僕は思う。

岡野さんには、とにかくいいお酒を贈りたい。僕は下北沢の酒屋に行って、「一番いいお酒をください」と店主にお願いした。すると、「一国の主が飲むようなお酒があるよ」と奥から出してきてくれたのがこれだ。めちゃくちゃいいお酒らしい。「気持ちを込めて相手の名前をここに書いてください」。そう店主に促されて、のし紙に岡野さんの名前を書いた。込めた気持ちは感謝であり、最大限のリスペクトだ。

08

岡野昭仁

ポルノグラフィティ・ミュージシャン

おかの・あきひと／1974年、広島県生まれ。ポルノグラフィティのボーカルを担当。岡野が様々なアーティストと一緒に音楽を探訪する「歌を抱えて、歩いていく」プロジェクトの第4弾シングル「MELODY（prod.by BREIMEN）」（2022年5月配信）に井口が参加した

当時の合言葉は「売れたらなんでもできる」

井口　この連載では、僕が対談相手からイメージしたものをプレゼントするという決め事があるんですけど、今回は伊勢志摩サミットの時にオバマさんも飲んだという日本酒を持ってきました。

岡野　ありがとう。へえ〜、「作《ざく》 智《さとり》」っていうんだ。ずいぶん厳重な箱に入ってるね……ん？ この「昭仁様」ってのしは自分で書いたの？

井口　はい。店のご主人に「下手でもいいから心を込めて書いてください」と言われて。

岡野　確かに井口君の気持ちを感じる（笑）。大事に飲ませてもらいます！

井口　今日の対談場所に下北沢を選んだのは、何か理由があるんですか？

岡野　上京したての頃に住んでいたのが下北沢でね。広島の高校を出て、しばらく大阪で活動した後、いよいよ東京に拠点を移そうとなった時に、どこに住めばいいのか全然わからなくてさ。当時のレコード会社のディレクターが姉御肌の人で「私、下北に住んでるから、お前らもこの辺に住め。面倒見てやるから」みたいに言ってくれて。それでメンバーそれぞれでこの近辺に部屋を借りて住むことになった。2年ぐらいいたかな。

井口　思い出深い街ですね。

岡野　うん。本当にお金がなかったから、そのディレクターの家で飯を食わしてもらったり、みんなでわいわいゲームして遊んだり。東京での新生活っていう意味ではすごい楽しかった。ただ、当時は「下北沢出身のバンド」っていうのが一つのジャンルになっていて。今もあるのかな？

井口　たぶんありますよね。

岡野　ブランド化したこの場所で、果たして俺らはやっていけるのか？みたいな気持ちもあった。実際、何回かライブをやったんだけど、全然ダメだったと思う。

井口　そうなんですか。

岡野　うん。ここで過ごした2年間は、新生活の楽しさと、うまくいかない音楽活動とのコントラストが激しかった。

井口　でも、大阪で活動していた時代からすでに一目置かれる存在だったんですよね？

岡野　いや、そうでもなかったらしい。ライブをやれば500人ぐらいの動員はあったから、レコード会社も鼻息荒くして俺らと契約したんだろうと、当時何も知らない自分たちは思っていたけど、後から聞いたら「とくに期待してなかった」って（笑）。

井口　勘違いだった（笑）。僕が物心ついた頃にはポルノグラフィティはすでにトップアーティストだったので、ちょっと想像できないです。

岡野　「早くデビュー曲を作ろう」って言われても、レコード会社が納得するような曲が全然できなくてね。

井口　へぇ〜。

岡野　「曲ができないならライブをしよう」ってことで、ツアーをやらされたこともあったんだけど、まだ東京で何もしてないのにお客さんなんて集まるわけないじゃん。しかも、北関東ツアーだよ？

井口　ははは！　いきなり北関東はキツイっすね。

岡野　で、群馬に行ったら案の定、お客さんゼロ。色々と試行錯誤していたなあ……。

井口　そこからどうやって状況を変えていったんですか？

岡野　当時のしんどい状況も「売れたらなんでも

できる」ってことを合言葉にいろんなアプローチを試したかな。ネガティブに聞こえるかもしれないけど、売れることは自分たちが目指す到達点に行くために必要なことだから、そこにブレはなかった。

井口　うまくいかない時期を経たからこそ、「売れる」に向かって突き進めたんですね。

岡野　うん。ただ、他のメンバーには申し訳ないけど、俺個人としてはあっけらかんとやってた気がする（笑）。

井口　わかります。ボーカリストって、なんかそういうとこありますよね（笑）。

ステージ上では絶対に嘘がないようにしたい

井口　昭仁さんが歌っている姿を見ていると、とてつもない熱量を感じるんです。めちゃくちゃ必死じゃないですか。

岡野　ふふふ。ステージの上だと、いつもとは違うスイッチが入るでしょ？　ちょっと傾《かぶ》くというか、自分でも知らなかった一面が出てきたり。

井口　中学生の頃、ポルノのライブ映像を見て「首に青筋立てて歌っているこの人は、10年後にはどんなふうに歌ってるんだろう？」と思ったけど、今も全然変わってない（笑）。必死で、嘘がなくて、純度100%のままです。

岡野　スポーツをやってる感じに近いよね。全力を出し切らないと自分自身が納得できないというか。裏を返せば、自分の歌に自信がなかったのかもしれない。

井口　どうしてですか？

岡野　当時、周りにはBOØWYとかのスタイルを真似してるボーカリストが多かったんだけど、俺は誰の真似もしないようにしてたの。いや、違うな。一時期、ガンズ・アンド・ローゼズのアクセルの衣装をイメージして、ぴっちぴちのホットパンツをはいてたし。

井口　ははは！

岡野　XのTAIJIさんがベストを着ているのを見て、おやじの釣り用のベストを素肌に着てみたこともあった。

井口　尖ってますね～（笑）。

岡野　すぐにやめたけどね。それはさておき、上京したての頃は売れたいという気持ちが強くて、プロデューサーが敷いてくれたレールに乗っかっていたけれど、どこかで軌道修正が必要だと感じていて。

井口　どういうことですか？

岡野　他のバンドマンは自分の骨身を削って楽曲を作り、それを歌っている。でも俺たちは、そういう曲も歌っていたけど、そうではない曲も歌っていた。「サウダージ」が売れた翌年に、某音楽誌で編集者や評論家がその年の音楽シーンを振り返る座談会をしていたんだけど、そこでポルノのことがちょっとネガティブに語られていて。ショックだった。俺らは元々、そっち側に行きたかったから。

井口　なるほど。

岡野　「あ、逆に行っちゃった」と思って苦しかったね。アイドルチックだとか、作り物みたいな感じで捉えられてしまっているんだなって。だからこそステージ上では絶対に嘘がないようにしたくて、100%で歌ってきたんだと思う。

井口　本当にぜぇぜぇ言いながら歌ってますもんね。僕も何度も心打たれました。そうやって歌っているうちに、誰にも真似できないボーカリストになったんですね。

岡野　走り回らなければいいのにね（笑）。

井口　いやいや（笑）。少し前には「ロック・イン・ジャパン・フェス」に出ましたよね？

岡野　うん、2017年かな。あんなところに出たら「帰れー！」って言われるんじゃないかと思っていたんだけど。

井口　そんなわけないですよ。

岡野　実際に出てみたら歓迎してもらえた。例えば、言われると思ってもいなかった若いミュージシャンたちに「昔聴いてました」って言われたりして。

井口　若いミュージシャンはみんな聴いてると思いますよ。

岡野　本当にうれしかった。デビュー20周年の時、井口君がラジオでうちらの曲を歌ってくれたでしょ？　あれもすごく大きかった。才能ある若いミュージシャンの音楽遍歴に、ポルノが一瞬でも入っていたと知った瞬間に、すーっと気が楽になったんだ。

井口　確かに、昭仁さんが一人で始めた「DISPATCHERS」を見てると、めちゃくちゃ楽しそうです。

岡野　そうでしょ？　肩ひじ張らずに音楽と向き合えるようになった。今一番、純度が高く歌を歌えているなと思う。デビュー23年目にして（笑）。

二人で運命を共にしてきたのは間違いない

井口　あれは1年半くらい前ですよね。昭仁さんが突然ラジオブースに現れた時はめちゃくちゃびっくりしました。

岡野　ふふふ。

井口　僕が勝手にポルノグラフィティの21周年を祝って歌っていたら、まさかのご本人登場ですからね。迷惑じゃなかったですか？

岡野　いや、真逆だよ。うれしかった。

井口　夜中の3時半でしたけど、「ミュージック・アワー」と「アゲハ蝶」を一緒に歌っていただいて。あの日は歌うつもりで来たんですか？

岡野　もちろん。俺の前にaikoちゃんも出たでしょ？　そこへの対抗心もあって（笑）。

井口　ははは！　確かに仕上がってました。改めて思ったんですけど、ポルノの名曲たちは、僕のような少し下の世代に影響を与えているだけじゃなく、何世代にもわたって残っていくはずだと。それってミュージシャンにとって一番幸せなことだと思うんです。

岡野　そうかもしれないね。全然考えてなかったけど。

井口　そうなんですか？

岡野　うん。でも最近になって、井口君のように曲を通じて何かを受け取ってくれた若い子たちの存在を知って、今までにない喜びを感じた。なんかね、自分のこれまでの時間は間違ってなかったって思えたの。これは人生の中ですごく大きなことだよ、本当に。

井口　たまにレコーディングしていると「あ、このフレーズちょっと昭仁さんっぽいな」みたいに

NO MORE HE

思うことがあって。もう意識の深いところに入っちゃっているんでしょうね。僕たちもそんな曲を作っていけたらいいなと思います。

岡野　King Gnuは時代を作っていると思う。凍った海の氷を割りながら進んでいく船があるじゃん？　あんな感じで船体をギシギシ言わせながらどんどん進んで行ってほしい。あの船が最後どうなるか知らないけど（笑）。

井口　ははは！

岡野　常田（大希）君は地元の先輩なんだよね？

井口　一コ上の先輩です。

岡野　その出会いもすごいよね、考えてみたら。

井口　まあでも、昭仁さんだって同じ島で生まれた人とずっと組んでるじゃないですか。

岡野　うわっ、ホンマや（笑）。

井口　20年以上も二人で活動してるってどんな気持ちなんですか？

岡野　どんなって……無だよ。

井口　無ですか（笑）。だんだん空気みたいになっていく？

岡野　「この人と何年いたっけ？」みたいな。時間の経過がもうわからない。

井口　今もけんかします？

岡野　いや、全然しない。

井口　仲はいいんですね。

岡野　仲は別によくない（笑）。

井口　ははは！

岡野　必要最低限のことしか話さないしね。でも、一緒にいることは不自然ではないんだろうなとは思う。たまに「なんでこの人とずっといるんだろう？」と思って、自分の中で答え合わせしていくと、「まあそうか」って腑に落ちるから。つまりさ、俺はこの人に誘われなかったらバンドやってないし、音楽もやってない。

井口　うん。

岡野　この人の歌詞がなかったらここまで売れなかったし、願いも叶わなかっただろうなと。二人で運命を共にしてきたのは間違いない。

井口　それって素敵なことだなって、最近すごく思います。

岡野　たぶん、どちらかが極端な方向に進んでいる時、もう片方が軌道修正してきたんだと思う。「そっちじゃないぞ」って。だから、それにめっちゃムカついた時もあったし、でも少し時間が経って「あの時言われたことが今になってわかる」ということもあった。新藤（晴一）とだったから今があるんだろうね。

井口　僕も今のメンバーでよかったです。

昭仁さんは僕の19年後ですから

井口　昭仁さんは、今の僕ぐらいの年の頃に10年後とかを考えて不安になったりしませんでしたか？

岡野　たぶん「アゲハ蝶」をリリースした頃だと思うけど、何か不安だったかな……。先のことは何も考えてなかったと思う。

井口　何も考えてない？（笑）。セールスでトップに駆け上がった時期ですよね。

岡野　おそらく、不安というよりコンプレックスに突き動かされていたと思う。某音楽誌や評論家たちを見返してやろうと必死だったから。

井口　コンプレックスってなかなか消えないものですか。

岡野　うん。最近までずっと消えなかったね。

井口　僕も今、結構あって。自分で曲を書いていないし、歌を歌っているけど、これって職人なんじゃないかとか。そこから早く脱したいっていう気持ちが強いです。

岡野　だったらやるしかないね。乗り越えた時に、何か見えるものがきっとあるよ。すでに素晴らしい井口君の歌を、もっと進化させる何かが。

井口　頑張ります。お芝居の経験も、それが歌に返ってきたらいいなと思いながらやっていて。昭仁さんが今、「DISPATCHERS」の配信をあれだけ楽しくやられているのが励みです。昭仁さんは僕の19年後ですから。

岡野　19歳も違うのに「何も考えてなかった」とか言ってごめんね!

井口　いや、最高じゃないですか(笑)。僕もそんなふうに言いたいです。

岡野　でも、今だからこうやって言えるんだと思う。3、4年前なら、「実はこんな苦しい部分があって〜」とか切々と語っていたかもしれない。

井口　今はすっかり憑き物が落ちて。

岡野　そう。我に返ってみたら「あれ、何も考えてなかったな」みたいな(笑)。でも、何も考えてないっていうことに対するコンプレックスもない。というのは、今、歌を歌うのがすごく楽しいから。

井口　最高の状態ってことですね。見ましたよ、「歌声徹底分析」の回。倍音の成分は年をとるにつれて変わっていくけど、それは劣化じゃなくて変化だ、みたいなのがすごいよかったです。僕も今出してる裏声とかは、年をとったら出せなくなるかもしれないけど、いい感じで掠《かす》れていったらいいなっていう気の持ちようになりました。

岡野　昔、エアロスミスのスティーヴン・タイラーが何かのインタビューで「58歳にしてキーが半音上がったんだ」って言ってたの。58歳のおっさんが、「俺はまだトレーニングでいくらでも進化するんだ」って。その言葉が脳裏に焼きついていて。井口君もぜひ覚えておいて。58になってもキーは半音上がる。

井口　すごいっすね。僕は初期ポルノグラフィティの昭仁さんの歌声より、今のほうが好きです。

岡野　うれしいなあ。

井口　深みというか、こうやって変わっていくんだなあって。声の張りは逆に出てきた感じですよね。ボイトレしているんですか？

岡野　うん。自分の引き出しが増えていくのが楽しいね。

井口　めちゃめちゃフレッシュですね。

岡野　そう、なぜかフレッシュ（笑）。気持ち悪いよね。

井口　いえ、全然（笑）。そうありたいですよ。

岡野　少し前のツアーの時、ここまでツアーが楽しみなのは初めてだなと思うぐらい楽しみだった。思ったより声が出なくなることもあったけど、今はそれもコントロールできるようになってきたし。とかいって、来週のツアーで声ガラガラだったりして。

井口　ははは！　昭仁さんの背中はものすごく遠いですけど、これからも追いかけ続けさせてください！

＊2021年10月収録

9人目のゲストは、コラージュアーティストの河村康輔さん。僕とコウさんの出会いは2019年。初めて会ったその日、本当に一瞬で仲良くなった。人見知りセンサーが敏感な僕にとっては、とても稀有なことだ。

以降、かなりの頻度で会っている。一回り以上も年が離れているけれど、お互い気を使う必要が全くなく、何時間でも一緒にいられる。コウさんは含みのある言い方を一切せず、思ったことをストレートに口に出す。僕はどちらかというと勘繰るタイプだから、コウさんのような人には心が開きやすいのかもしれない。

そんなコウさんとの初めての対談。これまで様々なゲストをお迎えしてきたが、友達でありアーティストでもあるコウさんの存在は異色だ。いつもコウさんとは基本的にどうしようもない話ばかりしているから、知っているようで知らないことも多い。どういう気持ちで創作活動をしているのか、これまでどんな苦労があったのか、ターニングポイントは何だったのか。親しすぎて聞けないことを、この機会に聞いてみたい。

さて、お土産はどうしよう。コウさんはシミ取りやハイフをやっていて、すっかり美容男子になっている。僕の周りの中年男性のあいだで美容ブームの波がきていて、コウさんもその中にいるのだ。僕は一人で恵比寿のコスメキッチンへ行き、女性客に交じってファミュの化粧水と乳液、そしてシャネルのリップを買い求めた。コウさん、喜んでくれるといいな。

果たして対談はうまくいくだろうか。僕はコウさんから誕プレでもらった上着を羽織って、対談の現場へ向かった。

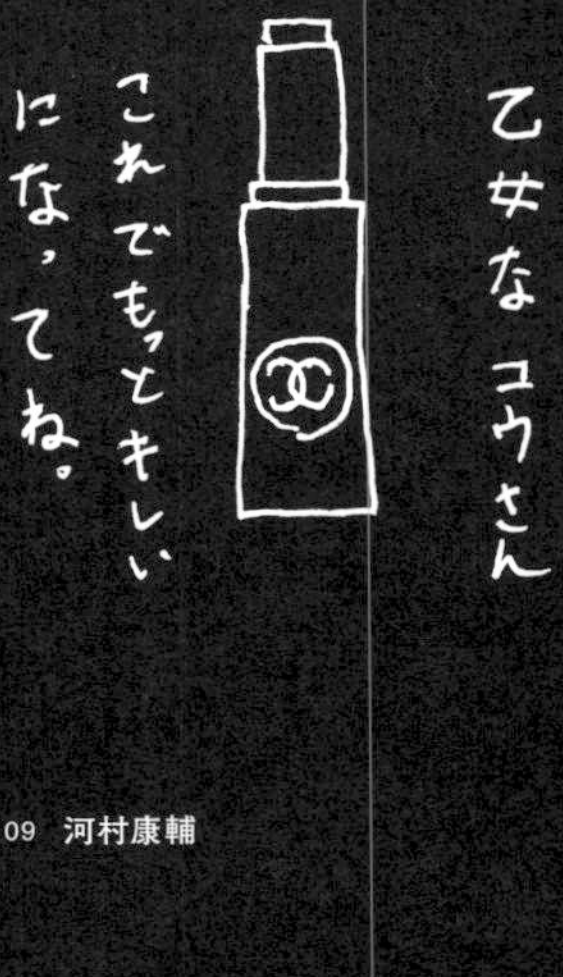
乙女なコウさん
これでもっとキレい
になってね。

09

河村康輔

コラージュアーティスト

かわむら・こうすけ／1979年、広島県生まれ。コラージュアーティスト。代表的な仕事に「大友克洋GENGA展」メインビジュアル、「AKIRA ART OF WALL」など。2022年4月、ユニクロ「UT」のクリエイティブ・ディレクターに就任した

優しさのかたまりだった

井口　さて、今回は一体何を話そうか……。
河村　ふふふ。しょっちゅう会ってるからね。
井口　知り合ったのは、ちょうど2年前だよね。俺の友だちがやっているバーでたまたま遭遇したのが最初の出会いだった。
河村　あの日はチャマ（BUMP OF CHICKENの直井由文）に連れていかれたの。二人で飲んでいたら、バーのマスターから「King Gnuの井口って知ってます？」って言われて。
井口　コウさんは知ってくれていたんだよね？
河村　うん。ちょうどその頃、俺が連載している雑誌の表紙をKing Gnuが飾っていて、存在は知っていた。
井口　知り合う前の印象は？
河村　写真でしか見てなかったから「めちゃくちゃクールで怖そう」。
井口　ははは！　でも、その場であっという間に意気投合したね。
河村　5分もかからずにね。
井口　コウさんのフランクさって異常だと思う。作品と人格が乖離しすぎていて、初めて会う人はみんな驚くでしょ。
河村　そうかもしれない。
井口　俺も渋谷パルコの「AKIRA」のアートウォールの印象が強かったから、紹介された時は「めっちゃ尖った人なんだろうな」って警戒したもん。実際は真逆だったけど。
河村　理も真逆だったよ。冷たい感じなのかなと思ったら、優しさのかたまりだった。
井口　素敵な言葉をありがとう（笑）。そこから一気に仲良くなって、週4ぐらいで遊んでたかな。

河村　2019年とかはそうだったね。冬なんてほぼ毎日会ってた気がするけど、理は忙しい時期だったでしょ？

井口　忙しくてちょっとおかしくなってたね（笑）。あまり人と話したくなくて、コウさんだけが心のオアシスだった。

河村　コロナの感染拡大が始まって、大人数で集まれなくなってからは、二人だけで多摩川で焚火したり。

井口　「すげーエモいね」とか言いながら、ウィンナー焼いたなあ。

河村　あと、理の家で何度かごちそうになって。理の手料理、美味しいんだよな〜。

井口　ふふふ。

河村　全部うまいけど、やっぱりカレーが最高。あと、あのブロッコリーも衝撃だった。

井口　マスタード炒め？

河村　そう！　小腹がすいて、二人でウーバーを待ってる間に、理がパパッと作ってくれたやつ。すごい洒落ててさ。

井口　恥ずかしいな（笑）。冷蔵庫にたまたまあったから。

河村　めっちゃ美味しかった。

井口　俺とコウさんって、すごくカジュアルな付き合い方というか。音楽とかアートの話なんてほぼしないもんね。

河村　全くしないね。基本、恋話しかしない（笑）。あとは一緒に並んでゲームしたり。

井口　でも、たまには仕事の相談をすることもあって。2020年の夏に野村不動産のブランドムービーのことで相談したの、覚えてる？

河村　うん、もちろん。

井口　全然うまく演じられなくて落ち込んで。ロケ場所がコウさんのアトリエの近くだったから、撮影終わりに「ちょっと会える?」って電話したらすぐに来てくれて、ずっと励ましてくれた。

河村　へこんでたね〜。

井口　コウさんは普段は適当なことしか言わないけど(笑)、たまにアドバイスしてくれると妙に刺さる。コウさんも遅咲きだったからかな。

河村　世に出るまで時間がかかった分、しんどい思いもそれなりに味わってきたからね。

井口　「理の年齢ならもっと失敗しても大丈夫だよ。俺を見てみ?」ってね。そういう単純な言葉が、あの時はめちゃくちゃありがたかった。

雑誌に出てる人は絶対金持ちだ! 俺もなる!

井口　コウさんって、どこかでアートの勉強をしたの?

河村　俺、学校を出てなくて。専門学校に入ったんだけどすぐにやめちゃった。

井口　じゃあ独学で?

河村　うん。

井口　そうだったんだ。そもそもどうしてアートの道に?

河村　アートというより、グラフィックデザインをやろうと思って東京に出てきたの。楽しそうだし、儲かりそうっていう勝手なイメージがあって。

井口　何かを見てそう思ったの？

河村　俺が中学とか高校の頃、裏原宿の文化が盛り上がっていて、それを見て「すっげぇカッコいいな〜、Tシャツ作る人たち」って。

井口　なるほどね。

河村　そういう人たちのインタビューが雑誌に載っててさ、読むと真っ当な人が一人もいないの（笑）。

井口　ははは！　ちなみにとくに憧れたのは誰？

河村　バウンティーハンターの岩永ヒカルさんとか、エイプとか色々やっていたスケートシングさんとか。眩しかったな〜。広島の田舎の高校生だったから、「雑誌に出てる人は絶対金持ちだ！俺もなる！」って。

井口　かわいらしい。

河村　彼らの肩書を見ると「グラフィックデザイナー」って書いてあるわけ。どんな仕事かわからないけど、とりあえず東京に行ってみるかと。

井口　ノリが軽いなあ（笑）。

河村　で、高3の冬の個人面談の時に「東京に行ってグラフィックデザインをやる」って言ってさ。先生としては地元で適当に就職するんだろうと思ってたみたいでびっくりしてた。でも大学入試はすでに終わっていて。東京に1校だけ試験もなく入れそうな専門学校があると聞いて「じゃあそこで」って。

井口　吹きだまり感がすごいな（笑）。それで、せっかく入ったのにどうしてやめちゃったの？

河村　俺、スーツを持ってなくてさ。入学式の時、俺だけ違ったら恥ずかしいなと思って、入学式に行かなかったの。

井口　子どもっぽい理由（笑）。

河村　そうしたら行くタイミングを逃して、1週間くらい遊んじゃって。さすがにまずいと思って登校したら、その日がプレゼンの授業でさ。「自分をプレゼンテーションして」とか言われたんだけど、初めて聞く言葉だし「わかんないっす」って。

井口　めちゃくちゃ出遅れてる～。

河村　で、「購買でノート買ってきます」って言って教室を出て、そのままやめちゃった。

井口　クズの星だ（笑）。結局、学校では何も勉強しなかったってこと？

河村　しなかった。

井口　なんか話の続きを聞くのが怖いな……。

河村　ははは！　やめてからはネットカフェとかでバイトしてた。ある時、デザインの勉強をしている子と知り合って、家に遊びに行ったらめっちゃカッコいい部屋でさ。お洒落なパソコンが置いてあって、「これで何やるの？」って聞いたら「デザインやるんだよ」って。Ｍａｃのスケルトンのやつだったんだけど。

井口　あ～。色はブルー？

河村　そう。俺も欲しい！と思って、じいちゃんに電話しておねだり（笑）。学校やめたことは伏せたまま買ってもらった。そこからフォトショップとイラストレーターを触るようになって。

井口　ダメな孫なりに人生の第一歩目を踏み出したと。

河村　うん。バイトは深夜勤務だったから、昼間にソフトの機能を色々試して覚えていった感じ。マニュアルを読むのは苦手だから、とにかくずっと手を動かして。で、もともとコラージュ作品を見るのが好きだったから、練習がてら見よう見まねでカチカチ作って。それが俺のスタートだね。

寝て起きたら人生が一変していた

井口　コラージュを作り始めたのはどうして？

河村　そもそものきっかけは、中学生の時に見た1枚のレコードジャケットなんだ。

井口　へぇ～、どんな？

河村　ウィンストン・スミスっていう人の作品。手数としては少ないコラージュで、50年代あたりの広告イラストとかを数枚貼って、1枚の世界観を作っていてね。それを見てめちゃくちゃ衝撃を受けた。で、23歳の時にサンフランシスコの知り合いのところに遊びに行ったら、たまたまその人がウィンストンと繋がってて、俺を紹介してくれてさ。

井口　すごい偶然だね。

河村　それから1カ月間アトリエに住み込ませてもらって。具体的にやり方を教わったわけではないけど、そばで見て学ばせてもらった。英語も喋れない、親子ほど年の離れた若造をすごくかわいがってくれて。二人でドライブもしたなあ。

井口　素敵な時間だ。

河村　それ以来、彼は俺の師匠のような存在。

井口　デザインで生活できるようになったのはいつ頃？

河村　25歳ぐらいまでは単価5千円とかでデザインしていたから、たぶん年収100万円ぐらいだったと思う。

井口　それはキツいね。

河村　めっちゃキツい。バイトしても足りない時は、借金したり持っているレコードを売ったりして何とか食いつないでいた。で、30手前ぐらいでようやくデザインだけで食べていけるようになっ

たんだけど、やっぱり一番大きかったのは漫画家の大友克洋さんに見つけてもらったことだね。

井口 どこで出会ったの？

河村 とある飲み屋で知り合いと飲んでいたら、深夜1時ぐらいに「トイレ貸して」ってふらっと現れて。

井口 そうなんだ（笑）。

河村 うわっ、大友克洋だ！と思っていたら、「何やってるの？」って聞かれて。「コラージュやってます」って答えたら「なんか作品を見せてよ」。で、作りかけの作品の写メを見せたら「へー、いいじゃん。俺の絵を使ってコラージュってできる？」「できますよ」「じゃあ電話番号教えてー」。そうしたら、翌日ちゃんとした人から連絡が来てさ。

井口 何その急展開（笑）。

河村 聞けば「大友克洋GENGA展」っていう一大プロジェクトが動いていて、「そのメインビジュアルの制作をお受けいただけると大友先生から聞きまして」って。

井口 怖い怖い怖い！

河村 怖すぎだよ（笑）。で、次の日、大友さんの家に行ったら、「自由にやっていいよ」って言われて。「AKIRA」とか「童夢」の原画を全部コピーさせてもらったの。

井口 まさに宝の山だね。で、コラージュは気に入ってくれたの？

河村 三つのパターンを作って大友さんに見せたら、「全部良いから、3バージョン作ろうぜ」って。

井口 ホームラン打ったんだ。

河村 どうも打ったっぽい。

井口 ははは！

河村 寝て起きたら人生変わってるじゃないけど、その仕事を境に状況が一変した。展覧会の情報が解禁された次の日からオファーがバンバン舞い込んできたからね。

井口　それにしても、大友さんはコウさんの何にピンときたのかな？

河村　のちに言われたのは「予定調和じゃないものを作るから」。自分で描いた絵だけど、自分の頭の中に全くない、見たことないものを作ってくるって。出会いからもう10年ぐらい経つけど、その間ずっと一緒にやらせてもらっているなんて、人の縁ってつくづく不思議だよね〜。

井口　10代の時、専門学校の狭い教室を飛び出したのは、コウさんにとっては正解だったんだね。

ここまですべての感情をさらけ出せる相手は他にいない

井口　コウさんが「どろん」のMVのグラフィックを担当してくれた時はびっくりした。オファーしたことを知らなかったから。

河村　仕事でロンドンにいる時にPERIMETRONのMARGTから電話がきて、「バンドのMVを撮るから、2日後までに10個仕上げてほしい」って言われてね。「今すぐなんて無理だよ」って言ったんだけど、バンド名を聞いたらKing

Gnuだったからやることにしたの。

井口　仕事、早かったね～。

河村　3日間寝ずにやったから。パリに向かうユーロスターの中でもずっと作業して。

井口　駆け出しのアーティストみたい（笑）。

河村　本当だよ（笑）。しかも、終わったと思ったら「あと10個追加でお願い！」って。

井口　コウさんはめちゃくちゃタフだよね。一緒に飲んでいても毎回俺が先に寝ちゃうし。

河村　楽しい時間を一瞬たりとも逃したくないんだろうね。それに、理には一切気を使わなくていいから疲れない。

井口　確かに。俺も全然気を使ってないもんなあ。コウさんは純粋だし、裏表がない。子どものまま大人になっちゃった感じだから。

河村　理もそうだよ。不器用で、本当にピュア。最初に会った時から「こんなに人間を全部出す人っているんだ！」と思うぐらい気持ち良くて。嫌なことがあったら一緒に怒ってくれるし、お互いしんどいことがあったら恥ずかしげもなく泣くし。

井口　ふふふ。男らしくない高倉健。

河村　それかな（笑）。ここまですべての感情をさらけ出せる相手は他にいないもん。「出会えて良かった」っていう気持ちも、思ってるだけじゃなくて、言葉でちゃんと伝え合ってるもんね。

井口　だいぶ気持ち悪いけど。

河村　会えない日が続いたら「さみしいね」ってＬＩＮＥして。

井口　もはやギャルだね（笑）。そんなコウさんにプレゼント。

河村　えっ？　何だろう。

井口　美容にハマってるみたいだから、ファミュの化粧水と乳液。

河村　うれしいな～。今使ってるスリーの乳液がちょうど無くなりそうだったんだ。

井口　あとこれ。シャネルのリップ（笑）。

河村　やばっ！　女子のポーチから出てくるやつー！

井口　最近、肌がちょっとキレイになってきてるよね？

河村　ガチでやってるから（笑）。プレゼントといえば、誕生日にハンドマッサージ機をもらったこともあったね。「仕事で手が疲れてるだろうから」って。俺は理の誕生日にアウターをプレゼントして「風邪ひかないでね」って。

井口　ははは！　恋人同士ぐらいちゃんとしたものを贈り合ってる。

河村　一人で買い物してる時も、「これ、理に似合うかも」とか考えてるからね（笑）。

井口　お互いを思い合っちゃうよね。

河村　こう言うと軽く聞こえるけど、マジの家族みたい。

井口　いつか長野の俺の地元にも来てよ。俺もコウさんが育った広島に行きたいし。

河村　うん。来てよ。

井口　改めて考えると、不思議な関係だよね。

河村　これだけ年が離れていて、こんなに近い友だちが、この年になってできるなんて思ってなかった。それは理のすごいところだと思う。

井口　コウさんがすごいんだよ。こんなに壁を作らない人はいないし。ずっと止まらずにいい仕事をしてるから、一緒にいてすごく元気をもらえる。

河村　最後はいつもどおり、お互いを褒め合う感じになっちゃった（笑）。

井口　ふふふ。まあ、俺らしいでしょ。これからもよろしくということで！

＊2021年11月収録

10人目のゲストは、映画監督の行定勲さん。2020年公開の「劇場」という作品に参加させていただいて以来、定期的にお会いして、色んな話をさせてもらう間柄だ。

行定さんは何というか、よくわからない人だ。「GO」や「世界の中心で、愛をさけぶ」のようなメジャー作品も撮るし、社会派もいける。たまにヘンな映画も作る。まるで一つのイメージで捉えられることを拒んでいるかのようだ。そして実際に会うと、とにかくおしゃべりで、映画業界のびっくりするような裏話をたくさん聞かせてくれる。そんな一面もまた面白い。

行定さんは、役者としての僕を見つけてくれた。「劇場」での僕の出番はほんの一瞬で、監督に直接何かを相談したり、深い話をしたりする機会はなかった。普通ならそれっきりで終了だ。でも行定さんは、映画が完成した後も「井口は絶対に芝居をやったほうがいい」となぜか僕の背中を押し続けてくれたのだ。あの言葉がなかったら、僕は役者として踏み出すことができなかった。そういっても過言ではない。

その後も僕の節目に必ず現れて、水先案内人のように次の地点へと導いてくれた。「ひとりぼっちじゃない」の伊藤ちひろ監督と僕を引き合わせてくれたのも行定さんだ。

音楽が好きで、King Gnuのライブにもよく来てくれる。もしかして映画よりも音楽のほうが好きなんじゃないかと思うくらい、ミュージシャンの知り合いも多い。聴いているジャンルも幅広そうだ。というわけで、今回は僕も使っているソニーの最新式ブルートゥースイヤホンを贈ることにした。

行定さんに音の革命を起こしました。

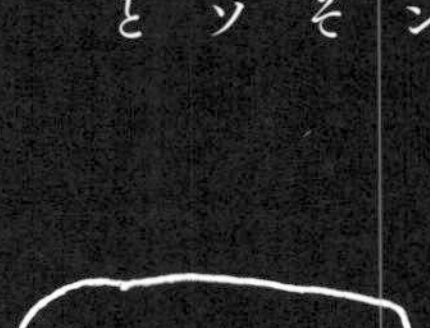

10

行定 勲

映画監督

ゆきさだ・いさお／１９６８年、熊本県生まれ。「ＧＯ」（２００１年）が数々の映画賞を総なめにし一躍脚光を浴びる。主な作品に「世界の中心で、愛をさけぶ」（04年）、「ナラタージュ」（17年）など。映画のみならず舞台演出も手掛けている

心の中で汗をかいているのが見えた

井口　行定さんとは映画「劇場」でご一緒させていただいたのが最初でしたね。

行定　うん。撮影してからもう2年半くらい経つかな。

井口　その後もたまにご飯に連れて行っていただいて。

行定　そういえば、焼き肉屋に行った時、井口が生肉を焼かずにそのまま食べちゃったのを今急に思い出した（笑）。

井口　そんなのありましたっけ？（笑）

行定　そういう抜けてるところもあるけど、根は真面目で色々考えてるよね。アーティストって「なるようになれ」みたいな生き方の人も多いけど、井口の場合はちょっと違って。自分のスキルとか評価を客観的に見つめている。僕はそういう人が好きでさ。なんでもかんでも「時代はボーダーレスなんだよ」みたいなことを叫ぶヤツが苦手。

井口　ははは！

行定　「劇場」のキャスティングのことを言うと、天才の役にハマる人を探していたのね。それも、知名度の高い人じゃなくて、知る人ぞ知るというか、ある界隈ではものすごいカリスマ性を放っているような人っていないかな？って。その頃すでにKing Gnuはヒットを飛ばしていたけど、広く顔が知られているかというと、まだこれからという時期だったでしょ。

井口　そうですね。

行定　僕はそれ以前に音楽フェスでライブを観ていて、「コイツらやっべえな」と思っていたから、メンバーの誰かを起用したらいいんじゃないかと思って。で、ＹｏｕＴｕｂｅに上がっている動画とか色々見てみたの。そうしたら、井口ってバカなことをやったり、奇天烈なことを言っているけど、実はこの真逆があるんじゃないかと思えてきて。

井口　完全に見透かされてますね（笑）。

行定　アクターの部分もちゃんと持っているなと。とくにパントマイムみたいな動きをする「It's a small world」のMVでの身体表現は素晴らしかった。バンドだけでなく、全方位的に設計していく集団のようなイメージがKing Gnuにはあるけど、中でも井口には妙な静謐さがある気がして。

井口　オファーをいただいた日のことはよく覚えています。日比谷のビアガーデンで飲んでいたんですけど、事務所からのＬＩＮＥの文面を見て一気に酔いがさめました。

行定　少しビビった？（笑）

井口　だいぶ（笑）。役者としてどうしていくかという見通しもまだ全然なかったので。

行定　芝居をする上で一番大切なのは、「自分はどういう人間か」ってことを突き詰めているかどうかなんだよ。井口と初めて会った時、余計なことはしないけど、心の中で汗をかいているのが見えた。その姿を見て、人物設定を変更することにしたの。井口のいいところをそのままいただこうと。つまりね、元々は鼻につくような人物として描く予定だったんだけど、会ってみたら普通に礼儀正しい人のほうがむしろ「かなわないな」って思うんじゃないかって。

井口　そうだったんですね。

行定　だってさ、びっくりしたよ。マネジャーのほうがよっぽどアーティストみたいで（笑）。

井口　ははは！

行定　天才ぶらない天才って無敵だなって、最近ちょっと思うんだ。

井口　僕自身は自分のことを天才だなんて思ってないし、自分のコンプレックスが投影されたのがあの役だったと思っています。でも正直、やりながらずっと違和感がありました。俳優のみなさんと同じ土俵に立てていない気がして。

行定　逆にそこが良かったのかもね。違和感というものは非常に重要だった気がする。

井口「劇場」で経験したことは役者としての僕の指標になっていくと思います。

俳優・井口理の一ページとして

井口「劇場」で行定組に参加して感じたのは、行定さんはあえて言わない部分があるんだな、と。

行定　井口に関しては、テスト撮影の段階で「あ、大丈夫だな」と思ってさ。上手い下手じゃない感じが出ていたというか。これから芝居を続けていくと「上手く演じたい」みたいな欲が出てくると思うんだけど、どう？

井口　まだそこまでたどり着いてないです。僕にも出てくるんですかね？

行定　もう欲張りになってきているよ。今度の新しい映画でそれをすごく感じたなあ。

井口　えっ、新作のことって言っちゃっていいんですか？

行定　別に構わないでしょ。僕がプロデューサーなんだし。もうさ、〝一報出し〟とかどうでもいいんだよ！

井口　ははは！

行定　今はまだ仕上げをやっている段階だし、公開はかなり先になるけど、井口は俳優としてすごい結果を残したと思う。あの主人公がKing Gnuの井口理とは到底思えないんだよ。役そのものにしか見えない。逆にいうと、アーティストをやっている時の井口はそれだけ自分に負荷をかけているということだけど。

井口　そうなのかもしれない。

行定　他の役者と一緒に演じるのはどんな感じがした？

井口　相手がちょっとした間の取り方とかニュアンスを変えるだけで、こんなに自分が変わるんだなと感じました。

行定　引き出されるよね。

井口　はい。お芝居をしながら、自分が敏感になっていくのを感じました。

行定　それは楽しいもの？

井口　うーん。楽しいし、もどかしいのもあるし……。

行定　ふふふ。

井口　自分が出したもので相手も変わるので、そこにも責任を持たなきゃいけないから。

行定　井口の場合、そういうのが欲になっていくのかもしれないね。主役でやるのとサブでやるのって違うでしょ？

井口　全然違いました。カメラが回っている時はもちろん、回っていないところでの居方もすごく大事だなあって。

行定　仕事での接点は「劇場」と今度の映画だけ

だけど、最近、井口が変化しているのを感じる。それを成長といっていいのかはわからないけれど。

井口　いや、変化は成長じゃないですかね。

行定　自分でも成長していると思う？

井口　ふふふ。思いますよ。

行定　ということは、ライブのMCとかも上達してるの？

井口　だいぶ慣れてきましたね。少し前のライブで、（常田）大希のイヤモニがダメになっちゃって、20分近くライブが止まったんです。

行定　えーっ、20分も！

井口　はい。意図しないMCタイムになっちゃって。

行定　何を喋ったの？

井口　マックでダブルチーズバーガーを1個買うのと、チーズバーガーを2個買うのでは、チーズバーガー2個のほうが安いんですよね〜とか。

行定　ははは！

井口　それはそれでお客さんも楽しんでくれたんですけど、だからといって「何を喋っても喜んでもらえる」みたいな甘え方はしたくないなあって。そこはちゃんと緊張感を持っていたいというか。

行定　なるほどね。今度の映画もセンシティブに演じていたし、自然と緊張していたと思う。そういうのを見ると井口の良さがよくわかる。

井口　ありがとうございます。

行定　映画ってそれをちゃんと記録できるから。俳優・井口理の一ページとしてもすごくいい作品になると思うよ。

井口　新作のこと、結構喋っちゃいましたね。

行定　まあね。ミュージシャンがステージで「じゃあ、新曲やっちゃう？」みたいに突然やり出すことがあるでしょ？　ああいうのをやってみたかったの（笑）。

自分に馴染みがないもの

井口　この連載では、僕がゲストの方から連想したものをプレゼントするという決まり事があって。行定さんは音楽好きなのでコレを贈ります。

行定　え〜、何だろう？

井口　ソニーの新作ブルートゥースイヤホンです。僕も使ってるんですけど、めちゃくちゃ良い音質なんです。

行定　わあ、うれしい！　ちょうど今使っているものがあまり好きな音じゃなくて、どうしようか考えていたの。

井口　ぜひ使ってください。

行定　いい機会だから聞きたいんだけど、King Gnuの曲の作り方ってどんな感じなの？　やっぱり、メンバー同士で楽譜が読めると、曲の作り方も違うのかな。

井口　どうですかね。僕らも最初の頃は楽譜を作っていたんですけど、簡易的なセッション譜のようなものだったので。コードと譜割りだけがあって音符は無い、みたいな。

行定　あ、そうなんだ。

井口　はい。楽譜でカッチリ作っていたわけじゃなくて、そこに自由なアプローチをしていくスタンスでした。今は楽譜は全く無いですし。

行定　デモだけってこと？

井口　そうです。「そのフレーズ、カッコいいね」とか言いながらフィーリングで作っていく感じです。

行定　そうやって崩しながら曲を作り上げていくんだね。シナリオの作り方にも色々あって、最近はＡＩがハリウッド映画の展開のパターンを覚え

て、構成をバーッと作ってくれたりする。

井口　へえ〜。

行定　音楽も映画も、何かに似ているほうが人は心地良かったりするでしょ？　でもさ、それだと心の深い場所には響かないんだ。圧倒的なものって、自分に馴染みがないものなんだよね。King Gnuの音楽にはそれを感じる。

井口　馴染みがないもの、ですか。

行定　そう。オリジナルな音楽には、聴いたことがない、その人にしか出せないグルーブがあると思うんだ。僕は映画もそうあるべきだと思う。どうしても何かの影響を受けてしまうものだけど、なるべく意識の外に排除してさ。

井口　行定さんは音楽をやろうと思ったことはないんですか？

行定　高校の時、バンドをやっていたの。だけどプロには到底なれない。九州のコンテストに出たところで最下位くらいのバンドで。

井口　そうだったんですね。

行定　同年代のバンドはプロになってレコードを出して。うらやましかったなあ。僕がたくさん映画を撮る理由って、そこから来ているんだよ。ミュージシャンがアルバムを作るように映画を作りたいの。

井口　どうしてですか？

行定　だって、映画を数本撮ったところで、監督の作家性なんてわかりっこないじゃん。10本、20本撮ってようやく見えてくるわけで。

井口　僕の勝手なイメージですけど、「GO」から「劇場」まで、行定作品の多くに共通するテーマは「誰しもそれなりの幸せがある」ということだと思っていて。その普遍的な美しさに惹かれるんですけど、行定さんご自身の中で一貫性を意識することはあるんですか？

行定　いや、描く物語自体に一貫性はないと思う。僕の尊敬する大島渚監督の言葉で「映画の中身に思想はいらない。作り方に思想がいるんだ」というのがあってさ。思想というのは、何をきっかけにその映画が出来ようとしているかということ。そこに説得力を持たせることって実はすごく難しいんだ。今度の新しい映画でいうと、主役が井口理であるというのが根拠になりうるんだよ。そういう存在になっているのは、本人としてどう？

井口　自分の中にはなんの根拠も無いですけど……。

行定　まあ、そうだよね（笑）。

きっと僕は、続けながら欲を育てている

行定　最近もくよくよすることってあるの？

井口　ありますよ。しょっちゅう落ち込んでます。

行定　2021年のフジロックでは、井口の繊細な部分がもろに出ちゃってたよね。MCの時、コロナ禍の中でステージに立つことへの葛藤を語り出してさ。発言することの怖さも含めて自分の気持ちをさらけ出していた。YouTubeで中継を見ながら泣いたよ。

井口　そうなんですか（笑）。

行定　フジロックという聖地で言うのがまたグッときてさ。

井口　何が正解かわからないですけど。

行定　物事って常に深刻だからね。時間が経てば忘れ去られていくんだけど、あの深刻さの中で井口は一人の表現者としてちゃんと現実と向き合っていた。あのナイーブさも、タンクトップ姿ではっちゃけているのも、その両方を含めて井口理なんだと世間に認知されてきたことで、だいぶ楽になったでしょ？

井口　そうですね。一番しんどかったのが2年ぐらい前ですけど、今はそこから脱却して。表に出ている時もプライベートも地続きでいられる感覚があります。

行定　きっと井口は自分を見失うことなく、自分に負荷をかけながらいろんな表現をしていくんだろうなと思う。まだやっていないことがいっぱいあるもんね。

井口　そうですね。

行定　あとは欲が出てくるかどうかだね。今取り組んでいる役者業もそうだけど、「あれもやりたい、これもやりたい」となってくるといいんだけど。

井口　欲、ですよね……。

行定　監督に「今のシーン、もう一回撮らせてください！」とか言ったことある？

井口　ないです（笑）。

行定　そこだよ（笑）。

井口　でも、今度の新しい映画が自分の中ですごく大きいのは間違いないです。緊張感とかネガティブなものも受け入れられるようになったし、そこにYESって言わないと生まれてこないものがあることを知りました。

行定　自信もついた？

井口　かもしれないです。自分がどうこうじゃなくて、人に受け入れてもらえた感覚が自分を高めてくれるというか。

行定　それは重要だよ。表現者はそれが糧になる。僕なんてまだ全然受け入れられていると思ってないもん。

井口　本当ですか？

行定　うん。上には上がいるし、かつて想像していた自分にはまだなれていないんだ。きっと僕は、続けながら欲を育てているんだろうね。何らかの道筋が見えているから欲が出る。でもその通りにならないことのほうが圧倒的に多いから。

井口　以前、行定さんが「俺たちは償いながらものを作っている」みたいなことをおっしゃっていたのをすごく覚えていて。それは、欲の中で傷つけてきたものへの罪意識を、自分なりに回収しようということですよね。

行定　そうだね。それはいつも肝に銘じている。謙虚だった人が売れた途端、急にサングラスを掛けて、帽子を斜めに被ったりするけどさ、そういうのってダサい欲だよね。

井口　ははは！　そういう人にはどんなふうに接しているんですか？

行定　「かわいいなあ」って優しい目で見てあげる。

井口　うわあ、嫌だ（笑）。

行定　井口にはこれからも音楽の世界に君臨してほしいと思う。そして、そのパワーを映画の世界に持って来てほしい。そういうことができる人ってそうそういないけど、井口なら間違いなくやっていけると思うからさ。

井口　照れますね……。

行定　これでまた自信がついちゃって、帽子を斜めに被りださなきゃいいけど（笑）。

井口　その時は優しい目で見守ってください（笑）。

＊２０２１年12月収録

お手洗
座敷のおくにあります

ボタンを

11人目のゲストは、俳優の菅田将暉。彼と僕は同い年で、プライベートでも仲良くさせてもらっている。

出会いは2019年の秋頃だったか。King Gnuのライブを見にきてくれて、そこから共通の友だちがやっているバーでたまに顔を合わせるようになった。距離が縮まったきっかけは、その年の大晦日に出演した紅白歌合戦だ。たくさんのミュージシャンが居並ぶ中、将暉は場にのみ込まれることなく、等身大の一人の男としてそこにいた。その立ち姿を見て「この人とは仲良くなれるかも」と直感した僕は、紅白が終わった後に合流して、朝まで一緒に飲み明かしたのだった。

将暉と話していると、まるで同じものを見てきたかのような感覚になる時がある。僕らは個人的にハマっていることから業界の問題点まで、率直に語り合った。

将暉はもはやトップ俳優と呼ばれる位置にいる。天狗になってもおかしくないはずなのに、そんなフシは微塵も感じさせない。彼は間違っていると思ったことを「間違っている」と言うことができるし、必要ならば戦うことも辞さない攻撃性をちゃんと持っている。僕は彼のそういうところが好きだ。

今回は新宿伊勢丹でお土産を探すことにした。この対談の少し前に将暉から誕プレとして服をもらっていたこともあって、ここは服がいいかなと。色々見ているうちに「高級感のあるものじゃないな」となってきて、たまたまポップアップで売っていた、ちょっと着古したような質感のスウェットとロンTを買った。等身大の将暉の空気感にきっと似合うはず。

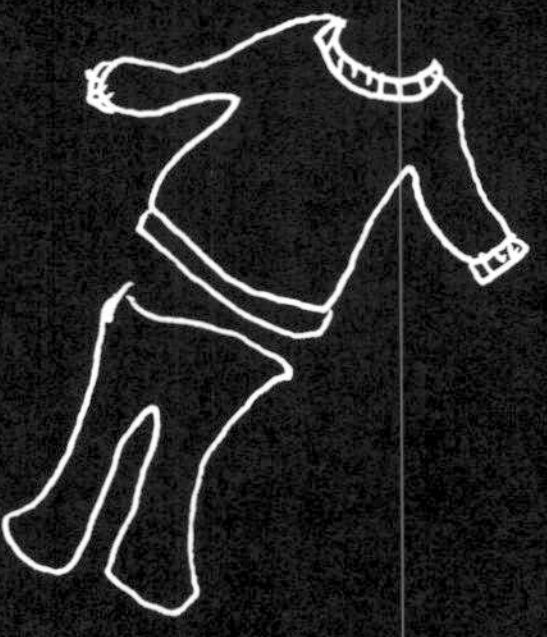

これからも着飾らない
菅田が見たい。

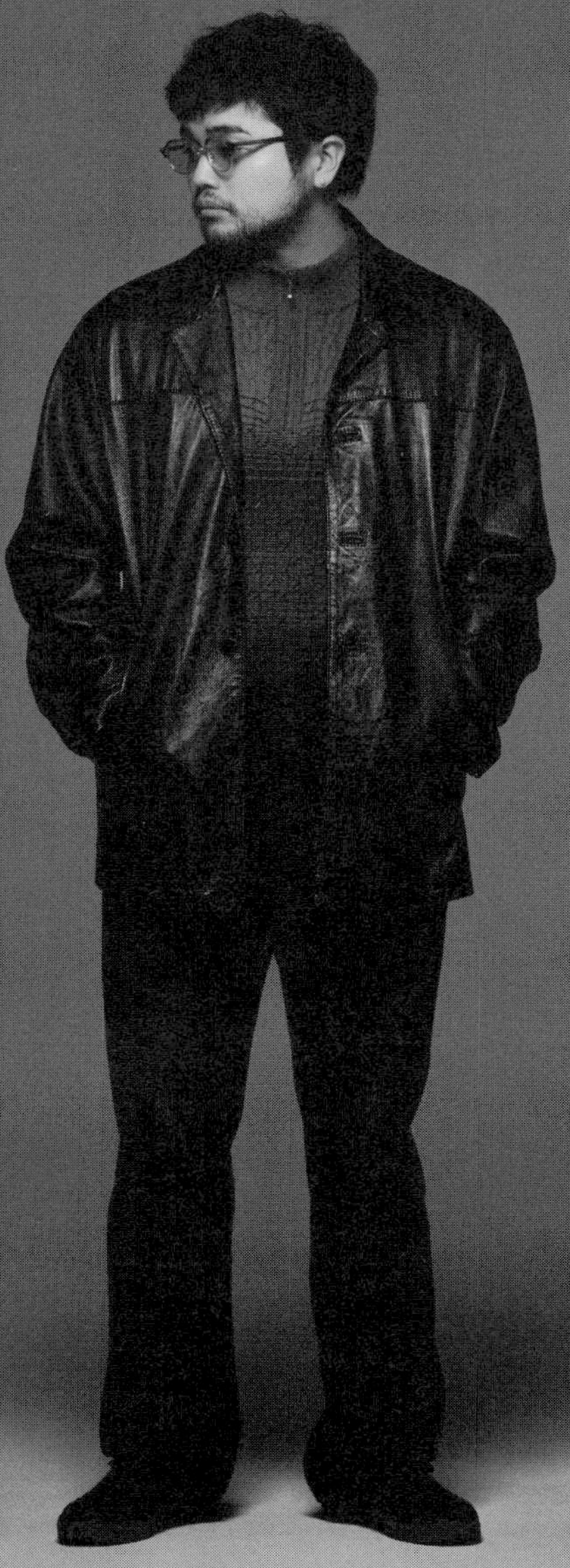

11

菅田将暉

俳優

すだ・まさき／1993年、大阪府箕面市生まれ。2009年、「仮面ライダーW」でデビュー。「共喰い」（13年）で第37回日本アカデミー賞新人俳優賞、「あゝ、荒野」（17年）で第41回日本アカデミー賞最優秀主演男優賞などを受賞。17年からは音楽活動も開始した

「うわっ、コイツ腹くくったな〜」って

井口　毎回、ゲストにプレゼントを用意しているんだけど、将暉にはデパートで見つけたこちらを贈ります。俺の誕生日にイタリアのかっこいいシャツをくれたじゃん？　そのお返しに。
菅田　うわ〜渋っ！　スウェットとロンTだ。着心地よさそう。
井口　古着っぽい質感だよね。部屋着に使ってもらえたら。
菅田　普段着にも超使えそう。やったー、ありがとう！
井口　将暉には古着のイメージがあるからさ。
菅田　古着は好きだね。新品って着る？
井口　いや、まったく着ない。古着ばっかりだな。
菅田　2020年の3月に俺のラジオにきてくれたことがあったじゃん？　あの時、ジャケットを着ている理を見て、なんか萌えちゃった。
井口　ジャケットなんて着てたかな？
菅田　うん。キアヌ・リーブスみたいだった（笑）。
井口　ははは！
菅田　キアヌってプライベートでよくジャケット着るのよ。下は汚れたジーパンに謎のダサいブーツを履いていて、ミスマッチ具合がまたかっこよくてさ。その感じがあった。
井口　俺、大学時代の癖が抜けてないんだよね。昔から下北沢とかで買っていたから。いまだにハイブランドのお店には怖くて入れない。
菅田　わかるわ〜。
井口　今回は初めて同い年のゲストなんだよ。
菅田　俺はいいことを言っていけばいいんだね？
井口　いや、別に毒づいてもらっても構わないけ

ど（笑）。

菅田　King Gnuってさ、自分たちがかっこいいと思うものを、ちゃんとわかりやすく伝えようとするでしょ？　カルチャーには周波数みたいなものがあって、こちらの周波数を拾っていない人たちに向けて間口を広げる作業って、結構ストレスだったりするはずなんだよ。現にそういうのが嫌でメディアに出なくなったり、活動の幅を縮小したりする人もいるし。

井口　うん。

菅田　でも、King Gnuはそこも壊して、みんなを連れて行っている感じがする。

井口　俺は、将暉とKing Gnuは似ているものがあると思っていて。というのは、これだけ大衆に向けて活動している俳優なのに、寺山修司作品の主人公にもなれるでしょ？　これほど雑食感のある俳優は他にいないと思う。しかも、雑食と言われることに抵抗感もない。

菅田　ああ、そうね。

井口　そこが面白いなあって。俺らの世代に共通する感覚なのかもしれないけど。

菅田　いや、その感覚は世代のものではないと思う。あらゆるものがツール化されて、雑食的に選べる世の中になったけど、結局こんなふうに語り合える同世代の人間はあまりいないから。俺らよりも下の世代になると似た感覚の子たちが大勢を占めるようになるのかもしれないけど。でもさ、俺らももうすぐ30だよ。

井口　ヤバいよね〜。

菅田　「大学時代の癖が抜けない」とか言ってられないよ。

井口　耳が痛いです（笑）。将暉はご結婚もされてね。まさかこんなに早く覚悟をお決めになられるとは……。

菅田　ははは！

井口　俺、めちゃくちゃ焦ったもん。「うわっ、コイツ腹くくったな〜」って。

菅田　親しいヤツに限ってそういう感じのことを言う（笑）。

井口　衝動的にではなく、理詰めで動くタイプ？

菅田　いや、結婚は衝動的なところもあったよ。結局は感情が勝るというか。それに、こればっかりは自分だけで決められることでもないしね。理は人生設計とかしてる？

井口　うん、やんわりと設計しては道を踏み外してる（笑）。

同世代のアーティストをうらやましく感じたのは、King Gnuが久々だった

井口　将暉と初めて会ったのは、2019年の秋ツアーを見にきてくれた時だったね。

菅田　そうそう。

井口　覚えてるなあ。Ｚｅｐｐの控室で「今日、スダ君がくるよ」って聞いて「スダって……あの菅田将暉!?」って飛び上がったもん（笑）。

菅田　嘘でしょ？（笑）

井口　俺からしたらそんな感じだった。あの頃か

ら将暉は若手俳優のトップに君臨していたし、なんか全然違う感覚を持っているのかなって。でも実際に会って話してみると、すぐに打ち解けたね。

菅田　あの日のライブを見ながら「コイツらバケモノだな」と思った。ステージ上が一番楽しそうで、お客さんは4人についていくのに必死、みたいな感じでさ。あの〝置いてけぼり感〟がたまらなかった。

井口　ふふふ。

菅田　明らかに他のバンドとは違ったんだよ。きっとお客さんは、4人が表現していることのすべてをキャッチできていないのかもしれないと思ったし、俺自身、わからないことが悔しかった。そんな中、理が関係者席に向かって「おい！　2階席の関係者も立つんだよ」とか言い出して（笑）。

井口　ははは！

菅田　コイツ最高だな～と思った。これからこの4人が音楽の世界を揺るがしていくんだなってはっきりわかった。同世代のアーティストをうらやましく感じたのって、King Gnuが久々だったもん。俳優ではたまにあるんだけど。

井口　あの年は大晦日の「紅白歌合戦」にも一緒に出たね。

菅田　うん。思い出深い一日だった。本番の後に合流して、朝まで一緒にビール飲んでさ。みんなで話したこと、覚えてる？

井口　業界とか色んなものに対して、お互いが思っていることを話したよね。不満があってもただ愚痴るわけじゃなくて、前向きに「じゃあこうしていきたいよね」っていう部分がすごく共鳴したのをよく覚えてる。

菅田　俺からしたら、紅白に出られるなんて一生に一度だなっていう感覚で行って、そうしたら

King Gnuという今一番カッコいいと言われる同世代のバンドもいた。なのに、本人たちはなんだか居心地悪そうにしてるっていうね……。

井口　ははは！

菅田　それがなんかリアルだなあと思ったし、ちょっとショックでもあったのよ。音楽において は素人の俺が紅白を楽しめなかったとしても、仕方のないことだと思う。でも、そっちの畑の人たちが紅白という場で居心地悪そうにしてるっていうのはちょっと意外だったな。

井口　そこであきらめたり腐ったりせず、自分たちのできることを続けていくしかないよね。将暉はすでに映画界を担っている存在だけど、自分の畑に対して危機感はある？

菅田　あるよ。芸能事務所同士で争っている場合ではないし、エンタメにおいてアジアを代表するような作品をもっともっと生み出していかなくちゃいけないって思うし。同じような環境でも、韓国の映画やドラマがこれだけ世界中で話題になっているということが悔しいし、もっと頑張らなくちゃって気持ちになるよ。

井口　王道って難しいよね。

菅田　そうなの。自分もそうなんだけど、キャリアを重ねると全力でラブストーリーをやったりすることにどこか照れてしまう。本当は真っ向から見ている人のニーズに応えていくことも必要なんだとわかっているんだけどね。

井口　こういう発言をすると批判されそうだけど、矢面に立つことになったとしても、貫き通さなきゃいけないものって絶対にあるよね。

菅田　うん。そうだと思うし、そこは自分に足りないものだとも思ってる。

気づいたら仮面ライダーになっていた

井口　話は変わるけどさ、将暉って自宅分娩なんでしょ？

菅田　おうおう。

井口　実は俺もなんだ。

菅田　えーっ!?　人生で初めて会ったよ。

井口　どうして自宅分娩だったの？

菅田　うちのおかんが、なるべく自然に近い状態で身内だけで産みたいっていう思いが強い人でね。きょうだい3人ともそうなんだ。そちらは？

井口　うちは俺だけなの。4人きょうだいの末っ子なんだけど、上の3人に出産というものを見せたかったらしくて。

菅田　それはうちの親も言ってた。だから俺、弟が生まれてくる瞬間をちょっと覚えてるもん。自分が生まれた時の映像は残ってる？

井口　うん、残ってる。

菅田　あれはすごいよね。「光が眩しすぎて全然見えなかった！」って親父がよく言ってたなあ。いや、映像ではハッキリ見えてるんだけど（笑）。

井口　ははは！　そう錯覚するほど神秘的ってことだよね。

菅田　それこそ俺も結婚してさ、子どもへの意識とかも変わってくるじゃん。

井口　あー、考えるよね。

菅田　うん。で、「俺は自宅分娩だったんだよ」って話したりもするんだけど、調べれば調べるほど簡単にできないなあって思う。親に聞いても、産むまでに2、3年準備してたみたいだし。

井口　将暉のご両親は、子育てに対する思いがすごく強かったんだね。

菅田　そうかも。でも、長男の俺と三男とでは勉強の厳しさとかが全然違った。

井口　まあ、だんだん雑になっていくもんだよね。

菅田　そういうことか（笑）。

井口　俺、ずっと放任だったもん。将暉は進路のこととか結構言われた？

菅田　めっちゃ言われたよ。この世界に入る時も「ちゃんと大学行けよ」とか。16歳の時に上京したんだけど、俺は大学へ行く気はなかったから、なるべく忙しくして、その話をなかったことにするしかないと思ってた。

井口　俳優になろうと思ったのはどうして？

菅田　とくになろうとはしていなくて。いろんなことがジェットコースターのように進んでいって、気づいたら仮面ライダーになってたの。

井口　まるで変身したみたいだね（笑）。

菅田　ある意味そうかもしれない。今もこうして俳優の仕事が続けられてるからいいものの、そうじゃなかったら何者でもないからね。だからこそ、俳優の仕事を頑張らなきゃなとも思うんだけど。

井口　将暉って不思議だよね。ミスドのＣＭを目にするたびに「コイツ、ふざけてるな～」と思っているよ（笑）。

菅田　ははは！

井口　俺にはあのイケメンな感じが逆張りに見えてしまう。

菅田　あの逆張り感を指摘してくるのは、家族とお前だけだよ（笑）。

井口　ドラえもんとのび太と一緒にタケコプターで飛んでる写真の表情も絶妙だよね。将暉の中のくすんだ部分が見え隠れする感じが堪らない（笑）。俺ら古着とか着るじゃん？　それって自分をくすませているんだと思う。

菅田　わかる。真っ白になろうとすると続かないよね。

井口　うん。きれいであろうとしたり、トレンドに乗っかったりしたら、俺らはダメな気がする。

菅田　まあ、乗っかりたくてもスパンが早すぎて乗れないでしょ。俺、山PのM字バングが最後だもん、流行に乗っかったの。

井口　ははは！　なつかし〜。

菅田　理は何だった？

井口　うわ〜、なんだろうなあ。かわいい系男子とかあったよね……マッシュかな。

菅田　おおっ、M字バングより後だ（笑）。

井口　めっちゃ恥ずかしい〜。

「あ、会話ができる」って確信した

菅田　今、夢ってある？

井口　うーん、とくに無いね。

菅田　俺も無くてさ。でも、傍から見るとKing Gnuは世界中でライブができるわけじゃん。「海外進出したい」とかは思わないの？

井口　あまり思わないなあ。できるからやる、に近いかもしれない。何を目標にするかって本当に難しいよね。

菅田　そろそろ景色が変わらなくなってきたでしょ？

井口　そう（笑）。変わらないんだよね。だから、うらやましいなと思うのは、aikoさんとかってずっとピュアに音楽を続けていて。音楽が好きで、それがすべてなの。

菅田　そうなれそう？

井口　まだわかんないね。

菅田　ラジオとかお芝居とかしているけど、そういう刺激はどうなの？「やっぱり本業は音楽だな」という感覚？

井口　うーん、音楽をやっている時は「自分がやるべきは音楽だな」と思うし、お芝居をしている時は「あ、ここもいいな」とか思ったり……。

菅田　なるほどね。理って場に染まる能力がエグいんだよ。で、染まりつつ、ちょっとはみ出ることができるっていう。じゃあ、この人に会ってみたいとかは？

井口　あまり思い浮かばない。居酒屋で隣のテーブルに座って、会話に耳をそばだてるくらいがちょうどいいかな。

菅田　直接喋りたいとは思わないんだね（笑）。

井口　将暉はずっと好きだったダウンタウンのお二人に会った時、どんな感じだった？

菅田　めっちゃ緊張した。気づいたら号泣してたもん、俺。

井口　ははは！

菅田　いちファンとして、本当に一言、「めっちゃ笑わせてもらいました」って伝えたかっただけなんだけど。今でも昔のDVD見てるからね。

井口　好きな人と会うのって怖くなかった？

菅田　なんか、会話ができる確信があったのよ。

井口　どうして？

菅田　松本（人志）さんが「さや侍」を撮った時、舞台挨拶である質問をされて、「才能のある人間が認められないと……」って言いながら目に涙を浮かべて、言葉に詰まったことがあって。その姿を見た瞬間に「あ、会話ができる」って確信した。

井口　そうだったんだ。

菅田　うん。さっき「あまり景色が変わらない」って話をしたけど、松本さんはその最たる例だよね。20代で天下獲って、そこからほとんど景色が変わっていないわけで。

井口　すごいな。ある意味、残酷なことだね……。

菅田　残酷だし、そう生かされている感じが「この人は本物だな」と思うし。理にはずっと好きなものってある？

井口　ジブリかな。ブルーレイ全部買ったもん、大人になってから。

菅田　俺はあまり見てなくてさ、最近見せられてるんだよ。

井口　へえ～、そうなんだ。どう思った？

菅田　ただ面白いだけじゃなくて、例えば「風の谷のナウシカ」では環境問題とか、重いテーマが描かれているよね。

井口　うん、すべての作品にメッセージがある。

菅田　理はどれが一番好き？

井口　難しいなあ。やっぱり「もののけ姫」かな。

菅田　まだ見てないや。

井口　DVDは家にある？

菅田　うん。妻が全部持ってる。ベッドの下にDVD入れがあって、そこに大事にしまってあるの。

井口　夢枕みたいだね（笑）。

菅田　じゃあさ、この世界に入ってうれしかったことは？

井口　なんだろう。失ったもののほうが多い気がするな。

菅田　俺は「ジャンプ」に載ったこと。

井口　あっ！「暗殺教室」の時？

菅田　そう。「うわっ、俺ジャンプに載ってる！」ってすげえテンション上がった。

井口　それ、わかるな～（笑）。

やっぱり、一人では無理だしね

井口　最近、俺ですら音楽シーンに対する責任みたいなものを感じることがあるんだけど、将暉はもう日本のエンタメ全体を担い始めているよね。

菅田　どうしたの急に（笑）。まあ、俺だけでは何もできないから。仲間を募集したいな。

井口　一人じゃ戦えないよね。

菅田　うん。何と戦っているかも、自分に何ができるかもわからないけど。でも少し前までは「仲間はどこにいるんだろう？」って感じだったけど、最近は「意外といなくもないぞ」と思えてきてるんだ。

井口　うん。

菅田　と言いつつ、俺自身、パッと辞める可能性もなくはない。それくらいじゃなきゃ続けていけないなとも思うし。

井口　ずっと何かを表現してきたもんね。

菅田　そうだね。最近は休む時にはちゃんと休まなきゃと思っているんだけど。理もたまには休みなね。

井口　俺は結構休んでるから。

菅田　でもさ、２０２１年のフジロックのあなたたちはちょっとすごかったよ。

井口　確かにだいぶ思い詰めていたかもしれない。

菅田　ステージ裏ですれ違った時、いい顔を見られたなと思った。あの時の理のＭＣ、めちゃくちゃよかったよ。

井口　あれについてはバンド内で色々あったの。コロナ禍にステージに立つことに対する俺の発言に、共感できないこともあったみたいで。

菅田　でもそれはよくない？「共感できなかっ

た」って言ってくれるのが友達だし。

井口　そうだね。ある意味、それでまた絆が深まったところもある。バンドのよさって戦友になれるところだね。将暉はバンド組まないの？

菅田　憧れはあるよ。デビュー以来、ほとんど同じメンバーでライブをやっているから、感覚としてはバンドみたいなところもあって。でも、なかなか組めないよね、やればやるほど。

井口　俺も組まないかも。King Gnuが解散したら。

菅田　いい言葉だな〜。ヒロトとマーシーじゃないけど、傍から見ていても「この4人しかありえない」って感じがするし。

井口　何があっても音楽で繋がっていくんだと思う。まあでも、将暉は菜奈ちゃんとバンド組んだようなもんだから。

菅田　そうなのか（笑）。ということは、あなたはある意味、俺より早く覚悟を決めたってことか。

井口　いやいや。バンド組むより結婚のほうが重いと思う。

菅田　ははは！

井口　だって、契約もあるわけだから。

菅田　バンドは契約ないの？

井口　ないよ。

菅田　「甲と乙は〜」みたいな書類は？

井口　ないない（笑）。

菅田　じゃあ究極の口約束じゃん。

井口　そうだね、うん。

菅田　そういう見えない切符みたいなものを肌身離さず持っていることが心強かったりもするんだろうけど、難しいだろうね。のみ込まなきゃいけない言葉もあるわけじゃん。

井口　言葉がすべてだからね。「解散」って言ったら解散になっちゃう。

菅田　そうだよね。

井口　でも俺、将暉を見ていて似たものを感じるし、俺がこの世界に絶望しないでいられるのは、将暉のような存在がいるからだよ。
菅田　うんうん。
井口　俺らと将暉は一緒にやるわけではないかもしれない。でも、隣で見ていてすごく勇気づけられる。その距離感もいいいんだろうね。
菅田　そうだね。やっぱり、一人では無理だしね。
井口　今後ともよろしくお願いします。
菅田　こちらこそ。いつか一緒にお芝居したいね。
井口　うん。俺、もっと頑張るから待っててね。

＊2022年2月収録

12人目のゲストは、ナインティナインの岡村隆史さん。「オールナイトニッポン0」の木曜パーソナリティを担当していた1年間、僕は毎週のように岡村さんの楽屋を訪ねて挨拶させてもらっていた。岡村さんの楽屋には、自分の中のスイッチをオンにしないと喋れない人間に特有の空気が充満していた。僕も全く同じ気質なので、その空気はいつも僕に安心感を与えてくれた。

ある日の楽屋挨拶の際、「Teenager Forever」という曲のMV撮影のためにセブ島に行ったことあるということを話したら、「俺もセブ島に行ったことあるよ。痩せた猫がおってね〜」とめずらしく乗ってきてくれたことがあった。僕は話を聞きながら、イカした格好をした岡村さんがビーチチェアでくつろいでいる姿を想像した。そのイメージが頭に残っていて、今回のお土産は「南の島で着てほしい服」に決めた。
向かったのは原宿。自主映画に参加していた頃からの知り合いがやっている、ホームディクトというセレクトショップだ。世界中から集めたヘンな服を取り揃えているから、愛嬌のある服が似合う岡村さんにぴったりの一着が見つかるに違いない（それにしても、まさかキャットストリートに岡村さんの服を買いに行くことになるなんて……。ちょっと感慨深いものがある）。

お店に到着して、知り合いに買い物の趣旨を説明する。岡村さんに似合いそうな服はないか。ビーチチェアに寝そべる岡村さんを想像しながら、ああでもないこうでもないと悩み、真剣に選んだ。いつか岡村さんがご家族と一緒に南の島でバカンスを楽しむ時、この帽子とアロハシャツが活躍してくれたらいいな。

南の島のイケオジをイメージした。

12

岡村隆史

ナインティナイン・
お笑い芸人

おかむら・たかし／1970年、大阪府大阪市生まれ。90年、矢部浩之とナインティナインを結成。92年、第13回ABCお笑い新人グランプリ最優秀新人賞を受賞。以降、数々のバラエティー番組に出演し、人気を不動のものに

リスペクトですよ。それまでの懺悔も含めてね

井口　ご無沙汰してます！　直接お会いするのは約2年ぶりですね。

岡村　井口さんがラジオ（「オールナイトニッポン0」）を卒業して以来ですもんね。

井口　結婚生活は幸せいっぱいですか？

岡村　長いこと一人でおったから、家の中に誰かがいるっていうことになかなか慣れなくて。同棲もしたことないから、いちいち戸惑うんですよ。「そうか、クローゼットを半分空けなあかんよな」とか。最近ようやく慣れてきたところです。

井口　僕も同棲した経験がないので、想像するとちょっと怖いなあ。

岡村　うん、怖いですよ（笑）。

井口　毎週ラジオの本番前に、岡村さんの楽屋へお邪魔していた頃が懐かしいです。

岡村　別に楽屋挨拶なんて必要ないのに、井口さんはいつも来てくださってね。

井口　実は僕、すごく緊張してラジオに臨んでいたんですけど、岡村さんの楽屋へ行くと優しく迎えてくれるから、気持ちが解きほぐされました。アメもたくさんいただいて。

岡村　ははは！　井口さんの服にアメちゃんをガーッと入れたりしましたね。でも正直、あの1年間は申し訳なかったなあと思っていて。僕が音楽に疎いから、King Gnuのすごさを全然わかってなかった。「ヌーさんはいつも香水振ってくる」とか、そんなことばかり言ってましたから。

井口　ふふふ。

岡村　井口さんも僕の楽屋に来てくれる時はすっごい低姿勢なのに、ラジオではだいぶイジってく

れましたよね?「グミおじさん」とか言って。

井口　イジっていただいたお礼のつもりです(笑)。でも結局、最後までお互い人見知りしてましたよね。プライベートでお会いすることもなかったから、本音で話したことは一度もなかったなあって。

岡村　ずっとうわべの会話。

井口　そうそう(笑)。

岡村　アーティストの方とお笑いの人って難しいんですよ。共通言語が少ないから。それで、とりあえずアメをポケットに詰め込んでみたり……。

井口　ははは!

岡村　でも、10カ月ぐらい経った頃にKing Gnuの「情熱大陸」を見て「やべっ!」と思いました。俺、とんでもないイジリ方してたな、と。「この人らは天才の集団なんや」ってようやくそこで気づいた。めっちゃ遅いんですけど(笑)。

井口　確かに岡村さんの態度が急に変わった時期がありました(笑)。ふざけてるのかなと思っていましたけど。

岡村　いやいや、リスペクトですよ。それまでの懺悔も含めてね。井口さんと僕って内面が似ていると思うんです。人見知りで、正直つるむのは嫌でしょ。

井口　岡村さんは自分から連絡しないタイプですか?

岡村　あんまりしない。

井口　俺も全くダメなんです。

岡村　井口さんとは毎週会えるから別に連絡入れへんし。かといってラジオが終わってしまってからは連絡する理由もないし(笑)。

井口　ははは!

岡村　でも縁が切れたわけではないっていう。

井口　僕の仲のいい友だちは、みんなすごくしつこく連絡をくれるんです。

岡村 ああ〜。それで嫌々出て行く？

井口 嫌々出て行く（笑）。でも、会ってみると「会ってよかったな」と思うんですよ。

岡村 わかるわ〜。行ったら「楽しかったな」と思うんですよね。僕も一緒です。でも、行くまでがね。

井口 もし僕が誘ったら出てきてくれますか？

岡村 行きますよ。でも、井口さんも最初に言うと思うんですよ。「2時間でお開きにしましょうね」って。

井口 言っちゃうかも（笑）。

「俺をナメんなよ！」っていう感じ

井口 以前に一度、「岡村隆史のオールナイトニッポン歌謡祭」（岡村さんのラジオリスナーが集結する年1回のイベント）に呼んでいただきましたけど、あの時はおかしな感覚に襲われました。楽屋で待機していると、隣に板東英二さんがいて、高須（克弥）院長と談笑している。

岡村 はい。

井口 で、反対を向くと熊田曜子さんが座っていて……。「一体ここはどこなんだ？」みたいな。

岡村 ははは！ あんなコメディー要素多めの手作り歌謡祭に井口さんが出てくれるだけでもありがたいのに、楽屋の隅っこのほうで「ワインレッドの心」をずっと練習してましたよね。正直、うるさいなあと思ってました。

井口　ひどい！

岡村　嘘ですよ（笑）。井口さんがステージで「うおおお〜！」「もっと勝手に〜」って歌い出した瞬間、会場全体がどよめいてね。あれはエグかったなあ。板東さんが出てきて喜ぶような人たちが、井口さんの圧倒的な歌声にねじ伏せられていった。で、それを見た他の出演者が「本気出さんといてや！」って。

井口　ここはちゃんと歌わないとダメだなと思ったんです。

岡村　背中を見た時、すごかったですもん。「俺をナメんなよ！」っていう感じが。

井口　いやいやいや（笑）。

岡村　やっぱり本物のアーティストさんはすごいなと。歌はもちろんですけど、ピアノやギターをやれと言われても、僕には絶対できない。いろんなことに挑戦する「めちゃイケ」のオファーシリーズでも、音楽のオファーがなかったのは唯一の救いでした。

井口　ダンスとは違うんですか？

岡村　全然違う。「リズム感あるし、楽器もいけるでしょ」とかよく言われるんですけど、音楽の才能は本当にゼロ。

井口　へえ〜、意外です。

岡村　もし井口さんみたいな声が出たら、それは歌いたいですよ。でも、「白日」なんて絶対歌えないじゃないですか。あれ、カラオケ屋さんでちゃんと歌えている人なんて、たぶんいないでしょ？

井口　確かに、カラオケ印税は少ないかもしれません（笑）。

岡村　何回も練習したけど、あの声はどうやっても出ない。

井口　ラジオでも僕と一緒に歌ってくれましたもんね。

岡村　はい。笑かすつもりは一切ないのに笑われました。

井口　すいません（笑）。

岡村　音楽番組を見るのは大好きやったんですけどね。「ベストテン」に「トップテン」「夜のヒットスタジオ」とか歌番組がいっぱいあって。

井口　当時の歌番組って面白いですよね。最近、ＹｏｕＴｕｂｅでよく見てるんですけど、みなさんめちゃくちゃで。

岡村　うん。毎週ワクワクしてました。ラジカセをテレビの前に持って行って「みんな、しゃべんなよ」って言って、再生と録音ボタンの2個押ししてね。何か音でも立てたらえらいことだった。

井口　うちのスタッフも全く同じことを言ってました（笑）。

岡村　でも、あれでしょ？　ホンマは井口さんもめちゃくちゃな人でしょ？　「ミュージックステーション」初登場時の階段の下り方を見たら。

井口　変なギアを上げないと人前に出られないんですよ。

岡村　ああ〜。僕もそうです。

井口　今ってスイッチは切ってる状態ですか？

岡村　これでもまだ入れてるほうだと思います。普段は静かですよ〜。なんにも言わない。仕事では声を張るけど、それ以外の時は張れへんし。

井口　実はさっき写真を撮ってる時、岡村さんの声が半分ぐらい聞こえてなかったです。

岡村　それ、よく言われます。「聞こえないから適当に相づち入れてます」って（笑）。

でっかいものを背負わされた

井口　学生時代に矢部（浩之）さんに誘われてお笑いの道へ進んだんですよね。

岡村　そうです。ただ、「お笑いがやりたい」というよりも、小さい頃からテレビっ子やったから、単純に「テレビに出たいなあ」がスタートでした。

井口　吉本興業の養成所（NSC）に入ったのはどうしてですか？

岡村　大阪におったから、吉本の芸人になることがテレビに出る近道だったんです。でも人数が多すぎて、会社の人に全然気づいてもらえない。僕らは9期生でしたけど、230人ぐらいおってね。

井口　どうやってアピールしたんですか？

岡村　まず賞を取ろうと。やっぱり目に見える勲章がないと、ナインティナインのことを知ってもらえないから。

井口　そうやって賞レースに臨む中で、お笑いへの意欲が高まっていったんですか？

岡村　いや、賞を獲ってからもまだプロ意識みたいなものはなかったですね。急に東京での仕事が増えた時も、どこか遊びに行くような感覚でした。意識が変わったきっかけは、後の「めちゃイケ」に繋がる「新しい波」という番組で、演出の片岡飛鳥さんと出会ったこと。飛鳥さんからお笑いやテレビのイロハを叩き込まれているうちに、「あっ、俺はプロなんやな」と思い始めて。それが22歳くらいの時です。

井口　へえ～。どんな方なんですか？

岡村　テレビとお笑いを誰よりも愛している人、ですね。お仕事をご一緒してまだ間もない頃、新宿2丁目のバーで言われたんです。「俺はお前ら

と仕事することに決めた。お前らにスターになってもらわないと困る」って。でっかいものを背負わされたなあと思いました。

井口　何かを背負った時なんでしょうね、プロ意識が芽生えるのって。

岡村　そうかもしれない。井口さんはどうですか？

井口　ここ3年くらいです。ライブの2日前からお酒を一切飲まないとか、ルールを自分の中で作り始めて。岡村さんと比べて遅いんですけど。

岡村　まあでも、わからんままドン！ってレールに乗せられて、そのまま走り続けてきてしまった感じもありますよ。お笑いって、何が正解かもわからないし。

井口　僕もわからなくなる時があります。気質の問題だと思うんですけど、基本的に自信がないので。

岡村　僕も自信ないですよ。完璧に笑いを取れたこともないし、どうすれば完璧だったかもわからない。

井口　そうですよね。ベターしかないですよね。

岡村　うん。「まあまあ良かった」はあるけど、完璧だったことはない。盛り上がったけど「ん？」って自分で思うことも多いし。逆に自分では感触良かったなと思っても、「なんか元気なかったね」とか言われたりもする。

井口　めちゃくちゃありますよね。そこでまた「伝わってないんだな」とストレスを感じてしまうという（笑）。

岡村　そうそう（笑）。どんなに盛り上げても誰も褒めてくれないから、悲しい気持ちになったり。

井口　岡村さんは周りの人からあまり褒められなかったんですか？

岡村　うん。今も全然褒めてもらえないですよ。

（明石家）さんまさんから褒められたことなんて一回も無いし。

井口　それでどうやって気持ちを保ってきたんですか？

岡村　「めちゃイケ」の時だと、収録後に飛鳥さんがスッと手を出してきて、二人で静かに握手するのが心の支えでした。

井口　なんてささやかな……。

岡村　ささやかですけど、その握手によって、一つの作品をちゃんと作れたんだなって実感することができたんです。

いつもみんながおったなあ

井口　「めちゃイケ」のオファーシリーズでの岡村さんは、〝奇跡を起こす男〟という役割を一身に背負っていたと思うんです。どんな気持ちで臨んでいたんですか？

岡村　正直、やっている時はよくわからなかったんですよ。「俺、テニスプレーヤーじゃないのに、なんで松岡修造さんから『自分のテニスをしろ！』とか怒られなアカンねん」って。

井口　ははは！　あれはシリーズ屈指の名台詞ですね。

岡村　乗馬なんてしたことないのに、3日間で競馬のレースをしたり……。練習が終わると「いや、俺、お笑いやで」っていつも思ってました。

井口　冷静に考えるとおかしいですもんね。

岡村　でも、やれることは全部やると決めていて。本番で失敗したとしても、誰にも文句を言われる筋合いはないというところまでやろう、と。

井口　自分を追い込むのはしんどくなかったですか？

岡村　しんどかったですよ。濱口（優）がよく「信じてるでー」とか声援をくれたんですけど、それを聞きながら「ほんならお前がやってくれよ」って内心思ってました（笑）。

井口　岡村さんって世間的には器用な人だと思われていますけど、実際はそんな言葉ではとても済ませられないような、来た球を全力で打ち返すっていうことを何十年もやっていたんですね。

岡村　はい。ダンスにしても「すぐに踊れてすごいですね」って言われるけど、覚えはめちゃくちゃ悪いですから。

井口　よく一度も投げ出さなかったですね。

岡村　僕に限らず、「めちゃイケ」で背負ったものは最後までやり切るしかなかったんです。両ひざに爆弾を抱えていた加藤浩次でさえ「100キロ走れ」と言われて走り切りましたからね。そういうメンバーなんですよ。プロフェッショナルな集団だったと思いますね、スタッフも含めて。

井口　あのメンバーだからできた、と。

岡村　バンドもそうですよね。King Gnuはあの4人じゃないとアカンわけじゃないですか？「めちゃイケ」では途中でブーさん（山本圭壱）が抜けてしまいましたけど、あの面白い人が抜けた穴をみんなでカバーしてね。僕が体調を崩して抜けてしまった時も、いつ帰ってくるかわからない僕のことを他のメンバーがずっとカバーしてくれた。

井口　あの長期休養の前後で心境の変化はありましたか？

岡村　ありましたね。僕の周りにはいつもみんながおったなあと思って。もっと周りに感謝しないといけないのに、それを忘れていたんですよね。「自分一人でなんとかしないと」っていう思いが強すぎて周りが全然見えていなかった。今はもう、しんどくなったらいろんな人に力を借りて、知恵を借りて、やっていけばいいと思えるようになりました。

井口　昨日テレビをつけたらちょうど「旅猿」がやっていて。スーパーでみんなで買い物をしていたんですけど、東野（幸治）さんがうどんを持ってきて「これいくらだと思います？　12円ですよ」とか、ものすごくゆったりした時間が流れていたんです。

岡村　ふふふ。

井口　「旅猿」のロケってまったく殺伐とすることもなく、友だち同士で旅行している感じですよね。岡村さんにはこういう場所が必要だったんだろうなあと、勝手に思いながら見てました。

岡村　僕の中での取り決めで「テレビでは自分の素を見せない」というのがあって。みなさんが思う感じでいようと心がけてきたんですけど、「旅猿」という番組のおかげで別にカメラを気にせずに自分の思うままにやってもええんやなと思えるようになりました。それもすごく大きなことです。

つくづく思いますよ、イカレてるなあ〜って（笑）

岡村　もう一回ラジオをやろうとは思いませんか？

井口　僕がラジオを辞めた理由は二つあって。一つは、全力でやりすぎたせいで声が出なくなってしまったこと。二つめは単純に疲れちゃったというか……。

岡村　ちょうどドカーンときた年でしたもんね。

井口　はい。紅白にも出たり、急に色々と忙しくなって、心と体が追いつかなくなってしまって。このペースで生きていくのはしんどすぎるなと思ったので、ラジオを辞めさせてもらったんです。

岡村　なるほど。

井口　でも、岡村さんは僕が生まれた翌年からずっと「オールナイトニッポン」をやっているんですよね。つくづく思いますよ、やっぱイカレてるなあ〜って（笑）。

岡村　ははは！

井口　今の僕ぐらいの年齢の頃って、どんなことを考えていましたか？

岡村　何かわからないけど走らなアカンと思ってましたね。まだまだテレビが元気でしたから。どえらいセットを組んでもらったり、番組のオープニングを撮るためだけにバハマへ行ったり。とんねるずさんなんて、爆破ロケに出張シェフを呼んでましたからね。

井口　どういうことですか？

岡村　仮面ノリダーの撮影で瓦礫の山みたいな現場へ行ったら、でっかいトレーラーが停まっていて、そこにシェフが2人立っているんです。なんやろ？と思って見ていたら、ラーメンとカレーのケータリングだった（笑）。

井口　ほえ〜！

岡村　今じゃ考えられないですよね。でも、だからといって今が楽しくないかといったらそうじゃない。いろんな表現の仕方があると思うし。

井口　そういう意味では、僕も「ザ・ベストテン」の時代に対する憧れがすごくあって。馬鹿げたことをやり切る面白さみたいなことは、いつかやってみたいです。

岡村　度肝を抜かれるようなやつ？

井口　何十万人の前でライブとか。数の暴力みたいな（笑）。

岡村　いいですね〜。

井口　岡村さんはこれからどうしたいとかありますか？

岡村　お仕事をいただける限りはやらせてもらおうとは思いますけど、やってみたいことはとくに無くて。やりたかったことは全部やらせてもらえたし、会いたい人にも全員会えた。だから、ホンマはいつ辞めても悔いがないんです。

井口　昔、トム・クルーズにも会ってましたよね。

岡村　会いました。ジャッキー・チェンにも会ったし、サモ・ハン・キンポーにもユン・ピョウにも会った。

井口　かつて岡村さんが「あの人に会いたい」と思ったみたいに、「岡村さんに会いたい」と思って今頑張っている人がたくさんいると思うんですよ。そういう人たちのためにも、このエンタメの世界でこれからもずっと活躍し続けてもらいたいです。

岡村　ふふふ。照れますね。

井口　最後に、岡村さんにぜひお渡ししたいものがあって。

岡村　え、何ですか？

井口　セブ島とか行ったことあるって言ってたじゃないですか？

岡村　最後の海外旅行が嫁さんと行ったセブ島でした。

井口　なのでこれをプレゼントします。南国で着てもらいたいアロハシャツと帽子です。

岡村　ありがとうございます。

井口　この帽子は宮内庁御用達の職人さんが遊びで作ったらしいです。

岡村　うわっ、いいっすね〜。海外行けるようになったら絶対かぶりますわ。

井口　あら、かわいい！　もうちょっとヘンな感じになると思ったんですが……。

岡村　ヘンにしようとしてたんですか？

井口　いや、そういうわけじゃないですけど（笑）。

＊2022年2月収録

13人目のゲストは、ゲーム実況者・YouTuberのわいわいさん。彼の動画を見始めた頃、僕はまだ学生だった。関西弁でしゃべり倒すスタイルに一発でハマり、それ以来、新しい動画がアップされるたびにイチ視聴者として楽しませてもらっている。

交流が始まったのは数年前。夜中にオンラインで一緒にゲームをしたり、チームを組んで大会に出たり。プレイの合間にはお互いのプライベートのことをチャットで話したりもする。だが、直接会ったことは一度もない。それどころか顔を見て話すこと自体、今回の対談が初めてだ。

僕とわいわいさんのあいだにある、近いような遠いような不思議な距離。僕的にはもう少し距離を縮めたいなと思い、以前に一度、King Gnuのライブに誘ってみたことがある。でも、「ゲストでは行かない。あなたが知らないうちに行くよ」ときっぱり断られてしまった。

わいわいさんの言葉にハッとさせられたことがある。ある時、僕の顔をものすごくリアルに描いたイラストが、ファンの方のSNSにアップされているのを見つけた。僕にはその心理がよくわからず、「なんでこんなに写実的に描く必要があるのかな」と戸惑っていると、「それは、いぐっちゃんのことが好きだからだよ」とわいわいさんが言った。その言葉を聞いて、彼はファンの方の思いをちゃんと受け入れているんだなと思ったし、僕も見習うべきだなと思った。

お土産には「無駄に高価なもの」を用意した。抜群の瞬発力を誇るわいわいさんのこと、きっとモノボケ的に反応してくれるだろうという期待を込めて。

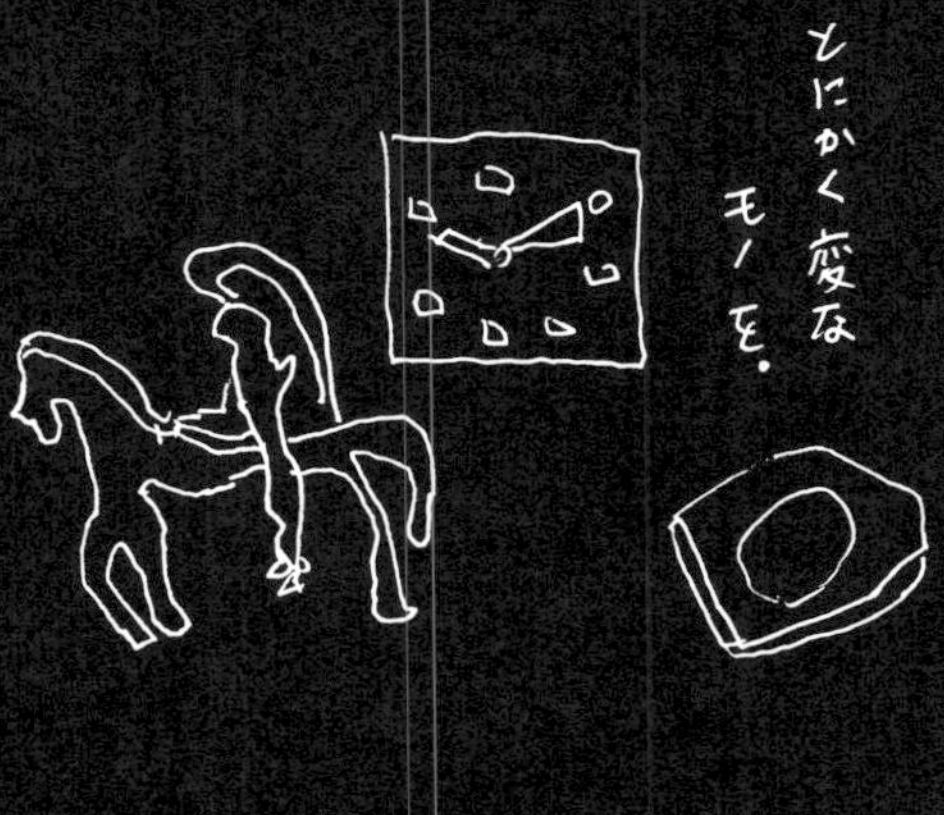

13

わいわい

ゲーム実況者・YouTuber

わいわい／１９８８年、奈良県生まれ。２００９年、ゲーム実況動画をニコニコ動画に投稿し活動開始。15年、ＹｏｕＴｕｂｅチャンネル「わいわいのゲーム実況チャンネル」を開設。チャンネル登録者数は50万人（23年2月現在）

俺がやったほうが絶対に面白い

井口　こんにちは。

わいわい　あら、King Gnuや。なんか新鮮やな〜。

井口　顔を見て話すのは初めてですもんね。

わいわい　いつもはゲームしながらボイスチャットでしゃべるからな。

井口　今までに誰かと対談したことってあるんですか？

わいわい　無いよ。ナイナイ岡村さんの次が俺って、読者の方も意味わからんやろ。

井口　いえいえ、僕としては念願のゲストです。以前やってたラジオにもぜひ来てもらいたかったんですが、スタッフさんに却下されました（笑）。

わいわい　真っ当な判断やと思うよ。

井口　なんかカラカラって氷の音が聞こえますけど、お酒飲んでます？

わいわい　飲んでへんよ。酒じゃなくてもふつうに氷ぐらい入れるやろ。あのね、俺もう結構な年齢なのよ。

井口　おいくつでしたっけ？

わいわい　34になった。俺らが一緒にやってる「Apex Legends」とかって20代前半のプレーヤーが中心やろ？　やっぱり、だいぶギャップを感じるんだよね。

井口　僕もこないだの配信の時に感じました。若者のノリについていけなくて、配信後にどっと疲れたというか。

わいわい　俺はもういい大人なので、こうやって氷を入れるわけですよ。

井口　ていねいな暮らしですね〜。で、何を飲んでいるんですか？　カフェラテ？

わいわい　午後の紅茶ミルクティーや。

井口　それ、若者の飲み物ですよ（笑）。わいわいさんと交流するようになったのはゲーム大会がきっかけでしたね。僕がわいわいさんのファンだと運営の方に言ったら同じチームにしてもらえて。

わいわい　うん。2021年の夏だったかな。

井口　わいわいさんのことを初めて知ったのは僕が大学1年の時。当時お付き合いしていた人が京都出身の子で、「関西弁でゲーム実況やってるおもろい人がいるねんけど」って教えてくれて。

わいわい　ええ子やな。

井口　はい（笑）。たしか「マインクラフト」とかの実況をニコニコ動画に上げていて。それ以来、10年間にわたって見てきましたけど、何度か活動を休止していますよね？

わいわい　うん。やりたくなかったらやらへんからね。今でこそ動画配信で生活しているけど、元々は収益なんて無いのが当たり前という中で始めたことやから。

井口　別の仕事も並行してやっていたんですか？

わいわい　アパレル会社で働いてた。その頃、肺炎になって配信の活動をやめたこともあったなあ。まあ、実は彼女ができたからなんやけど……。

井口　え？　ちょっと意味がわからない（笑）。

わいわい　いや、肺炎になった時にちょうど彼女ができて「もう配信はええかな」って。

井口　あ～、表向きは肺炎ということにしていたけど……。

わいわい　いや、表向きちゃうって！

井口　ゲーム実況を始めたきっかけは何だったんですか？

わいわい　14年前かな。その頃からゲーム実況を動画にする人がちらほら出始めて。見てみたら、しゃべりながらゲームをすること自体は面白いねんけど、俺がやったほうが絶対に面白いと思って。

井口　うんうん。

わいわい　関西弁の人もおらんかったし。で、自分でいくつか動画を作ってみたんやけど、クソ面白くなかったの。それが悔しくて、色々試行錯誤しながら始めたっていう。

井口　なるほど。とにかく面白いことがやりたかった、と。

わいわい　そうね。でも俺の前のゲスト、岡村さんやろ？「面白いことがやりたくて」とか、めっちゃ言いづらいわ。

井口　ははは！

よくしゃべるおじさん、かな

井口　思い返せば、こうして親しくなるまで、だいぶ時間がかかった気がしますね。

わいわい　そう？

井口　いつだったか、僕からわいわいさんのツイッターに「応援してます。僕も頑張ります」みたいなDMを送ったら、King GnuがMステに出るくらいのタイミングでようやく気づいてもらえて。

わいわい　ある日、井口理からフォローされていることを発見して、DMの履歴を開いてみたら、だいぶ前に送られていたメッセージが出てきてびっくりしたなあ。

井口　でも、そこから急接近したわけでもなく、あくまでもネット的なつながりでしかなかったですよね。僕らが紅白に出場する時に「白組、絶対勝てよ！」ってリプをくれたり（笑）。

わいわい　やっぱり勝負事やからね。

井口　紅白を勝ち負けで見ているという（笑）。当時はあのボケに対してうまくツッコめないくらいの間柄でした。まあ、お互い恥ずかしがっていたんですかね？

わいわい　恥ずかしいというか、あなたはテレビに出てる人だからね。さすがに気が引けるでしょ。

井口　僕からすればわいわいさんこそ「画面の中の人」なので、いまだに変な感じですけど。それに、ちょっと異質な存在じゃないですか。普通のゲーム実況者という感じではないから。

わいわい　それはそうかもね。俺は子どもたちの笑顔が見たくて活動してるから。

井口　あ、そういうの大丈夫です（笑）。わいわいさんって自分のことを何者だと思っているんですか？

わいわい　よくしゃべるおじさん、かな。

井口　たしかに視聴者さんからのコメントもほとんど読まずに、一人で10時間とかしゃべってますもんね。

わいわい　いや、ちゃんと読んでるよ（笑）。

井口　でも、初期の頃よりも明らかにしゃべりの割合が増えているじゃないですか。それはどうして？

わいわい　男性を応援する人の中で声が大きいのって、圧倒的に女性やん。SNSを使ってたくさんの人に広めていく力を持っているのも女性。でも一方で、熱として一過性の部分もあって、何かの拍子に離れていきやすいのも女性やと思うのね。だから、細く長く支持してくれる男性の視聴者を得るために、トークの割合を増やすようにしたの。

井口　それって、口で言うほど簡単なことじゃないですよね。少し前に「ＹＵＢＩＷＡＺＡ」という番組で密着取材を受けていたじゃないですか？ その時、日々思ったことをネタ帳に書き留めているって紹介されていて、「なんて真面目な人なんだろう」と感心しました。

わいわい　雑談をする時に役立つからね。そういうところはまめかもしれない。

井口　動画配信で他にも心がけていることってありますか？

わいわい　真面目な話をすると、この活動をしている時に限っては、人として逸脱しないようにしようと心に決めていて。俺の動画を見て、言葉づかいとか表現に違和感を覚える人はいるかもしれないけど、マインドとしてはできるだけ正しくありたいと。そうすれば、私生活もそれに引っ張られて、いい人になれるんじゃないかって。

井口　パブリックな自分とプライベートの自分をつなげて考えているってことですか？

わいわい　うん。俺はそもそもヤンキーみたいなもんやったし、ずいぶんろくでもないこともしてきたけど、それを矯正してくれたのがこの活動やから。

井口　なるほど。わいわいさんの動画を見て嫌な気持ちになったことが一度もないのは、そういう理由なんですね。

勝てるって思ったことない？ピーター・アーツとかに

井口　わいわいさんのYouTubeチャンネルには50万人もの登録者がいて、たくさんの人が動画を楽しみにしていますよね。ここまでくると「みんなが待ってるから早く出さないと」とか、「ファンのためにも続けないと」というような責任を感じたりしませんか？

わいわい　まず俺はね、ファンという言葉が好きじゃないの。配信者＝与える側、ファン＝応援してくれるお客様、みたいな図式がイヤでね。だから、チャンネル登録してくれている人のことをファンだと思ったことは一度もない。

井口　ではどう思っているんですか？

わいわい　俺とただしゃべっている〝友達〟。見に来たければ来ればいいし、他に用事があるならそっちを優先してもらって全然構わない。アパレル会社に勤めていた頃の俺は100％お客様のために働いて、それによってお金をいただいていたけど、そういう職業的な意識を今の活動のエリアに一切入れたくないの。入れると義務が生じるから。

井口　なるほど。

わいわい　俺のチャンネルって、どのゲームをやっていても、結局は俺がしゃべっているだけやからね。本当に納得できるものだけを出したほうが、俺はこの活動を続けられるはず。責任ということでいえば、それを貫くということぐらいかな。

井口　あくまでもフラットな関係なんですね。でも僕らのようなミュージシャンの場合、ライブ会場にいるのはチケットを買ってくれたお客さんなので、わいわいさんのようなスタンスでいるのは難しいかもしれない。

わいわい　そう？　King Gnuの曲って、いつどれを聞いても「King Gnuらしいな」と思うのね。あの複雑な音の入り方とかは、他のバンドとは明らかに違う。そういう、音楽的に譲れない部分さえ大事にしていればいいんじゃない？「お金をもらっている」ことと「お金のために歌っている」ことは、全くイコールではないから。だって、「いいから黙って俺の歌を聞け！」っていう気持ち、あるやろ？

井口　はい（笑）。まあ、たぶん僕も経済的に少し余裕が出てきて……。

わいわい　おおっと！　言うやん。

井口　わいわいさんもそうだと思うんですけど。

わいわい　出てません、僕は。

井口　いやいやいや（笑）。そうじゃなくて、10年前の自分と比べたら普通に生活できるくらいの余裕はあるじゃないですか？　そうなった時に、「お金のために歌っているわけじゃない」というところがすごく重要になってきている気がするんです。モチベーションを高く保つためにも。

わいわい　あ〜、なるほど。そういうことね。

井口　やっぱり、金欠の時にしか出せないバイタリティーってありますよね。僕は大学2年生ぐらいの頃、駅前で〝愚痴屋〟をやっていたんです。電車代も無いような時になんとか稼いでやろうと、道行く人の愚痴を聞いて1回100円もらうっていう。そういうのって、今は絶対にやれないですもん。

わいわい　うん。生活に必要なだけの金はあるからっていうのと、年齢の問題もあると思うけどな。いくら金が無くても、「今ここでバイタリティー出せ！」って言われたら、ちょっとキツイやん。

井口 そうですね。体力的なものと、精神的なものと、あとは失いたくないものが増えたっていうのもあるかもしれない。

わいわい 若い時って失うものも少ないし、無駄に自信あるしな。勝てるって思ったことない？ ピーター・アーツとかに。

井口 ははは！ さすがにそれはないです（笑）。

目覚めさせてくれた人やねん、あなたが

井口 この連載では、僕が対談相手からイメージしたものをプレゼントするという決まり事がありまして。

わいわい えっ、何かくれるの!? やっぱりエルメス？

井口 絶対違うでしょ（笑）。目黒のアンティークショップで三つほどアイテムを買ってきました。まず一つめはアメリカのカジノの灰皿。

わいわい お酒落やん。目黒っていうのがまた洒落てるよな。黒やねんで？ 目の色が。代官山にも……。

井口 （次のアイテムを取り出しながら）え？

わいわい　ん？　いや別に。繋ぎでしゃべってただけや。

井口　生配信じゃないので繋ぎとかいらないです（笑）。二つめはこちら、ラスベガスのおみやげ屋さんの時計。勝負運を高めてもらおうと思って。

わいわい　どちらも金のニオイがするな（笑）。

井口　よく見るとかわいいんですよ、サイコロの目が数字の代わりになっていて。そして三つめが……。

わいわい　ギャンブル、ギャンブルときて。

井口　ダーツの腕前も相当だということで、暗闇の世界といいますか……。こちらです。

わいわい　何それ!?

井口　いい顔してますよね。フレデリック・ワインバーグという人の作品っぽい置物です。実はこれが一番高いんですけど。

わいわい　嘘やろ（笑）。

井口　以上の3品をお贈りします。単品で見ると微妙でも、三つ並べるといい雰囲気を醸し出すので。これ、アンティークあるあるなんですけど。

わいわい　俺、2番目の時計はいらんわ。

井口　ほらね、こうやって並べると不思議と良く見えてくるっていう。これくらいの角度のほうがいいかな……。

わいわい　いや、そういうことじゃないねん（笑）。一応もらっておくけども。じゃあ俺も何かあげようか。これなんかどう？　九谷焼の招き猫。

井口　へぇ～かわいい！　それと交換しましょう。

わいわい　でもなあ、ほんまに釣り合ってるか？　三つめの置物なんて謎すぎるやろ。左手がパールライスみたいになってるやん。

井口　ははは！　プレゼント交換できるなんて夢みたいですよ。青春時代に出合ったものって、一度好きになるとずっと変わらないじゃないですか？　例えば音楽でも、イントロを聞くといまだに全部歌えるし。僕にとってわいわいさんはそういう存在なので。

わいわい　そうか。音楽にたとえると誰？

井口　ビートルズですかね。6歳の時に初めて買ってもらったCDがビートルズで。「♪ユーセイ〝イエス〟、アイセイ〝ノー〟」とか。

わいわい　おっ、「ハロー・グッドバイ」やん。俺、ずっと洋楽ばっかり聞いてきたから詳しいで。大学時代にアヴィーチーとかアバとか聞いて通学してたもん。幅広いやろ？

井口　広すぎでしょ（笑）。

わいわい　最近になって邦楽も聞くようになったの。目覚めさせてくれた人やねん、あなたが。あなたの歌を聞かなかったら、俺は邦楽を聞こうとは思わなかった。

井口　うれしい言葉です。わいわいさんは10年後に何をしていると思いますか？

わいわい　できれば土地とか転がしていたいかな。

井口　ははは！

わいわい　まあでも、おしゃべりを武器にした活動は何かしらやってると思う。コミュニケーション能力が武器になる職業がある限り、俺は絶対に生きていけると思っているから。自分はどう？仮に今、巨万の富を持っているとしたら、さとるんは音楽やらん？

井口　いや、やると思います。

わいわい　そうやろ？　それは俺も一緒。井口理にはずっと歌い続けてほしい。

井口　はい、頑張ります！

＊2022年4月収録

14人目のゲストは、スタジオジブリの鈴木敏夫さん。ついに最後の対談相手だ。

百戦錬磨の名プロデューサーとして、長年にわたって日本の映画界を牽引し続けてきた大御所。宮﨑駿監督とのコンビは、クリエーターとその右腕という関係を超え、互いに分かちがたく結びついている印象がある。

僕自身、King Gnuとして活動するなかで、世の中に作品を届けるためにはアーティストの力だけでは足りないことを知った。それがわかってからは、鈴木敏夫という人のすごさをより理解できるようになったと思う。

対談の日が近づくにつれ、不安と緊張が膨れ上がっていく。僕はどの自分でいればいいんだろう？　いずれにせよ、おべっかが通用するような相手ではない。僕にできることは、自分がジブリ作品から受け取ってきたことを、取り繕うことなく、自分の言葉でお伝えすることだけ。そう自分に言い聞かせた。

対談の前日、僕はあるものを買うために三軒茶屋へ向かった。駅から茶沢通りを歩くこと6分、「アーモンド洋菓子店」にたどり着く。古き良き昔ながらのケーキ屋さんという佇まいのこの店に、僕のお気に入りの生チョコレートがある。棒状の形をしていて、冷凍庫でキンキンに冷やして食べると最高においしい。以前、King Gnuのリハーサル現場に差し入れをしたら、メンバーやスタッフにも大好評だった。

鈴木さんへのお土産はこの生チョコにする。どうやら僕は、初めてお会いする大御所の方には、あまり背伸びをせず、消えるものをお贈りする傾向があるようだ。

14

鈴木敏夫

スタジオジブリ・プロデューサー

すずき・としお／1948年、愛知県名古屋市生まれ。慶応大卒業後、徳間書店へ入社。「アニメージュ」編集部などを経て、89年からスタジオジブリ専従。以後ほぼすべての劇場作品をプロデュースする

先生が言ったの。「いや、死ねないです」って

鈴木　そのお医者さんは禁煙の先生なんですけど。
井口　禁煙されてるんですか？
鈴木　うん。でも今朝も宮﨑（駿）がボケたふりして僕にたばこをすすめてくるんですよ（笑）。井口さんは吸うの？
井口　はい。
鈴木　じゃあ、灰皿を用意しますね。
井口　いやいやいや！　鈴木さんが吸わないのに僕だけ吸うわけには……。
鈴木　禁煙してかれこれ1年半になるかな。病院で健診を受けたらアウト判定が出たんですよ。それでも僕は「たばこで死ねるんなら本望なので、このまま吸い続けます」と答えたら、先生が言ったの。「いや、死ねないです」って。
井口　死ねない？

井口　はじめまして、井口と申します。
鈴木　よろしくお願いします。写真で見るのと顔の印象がだいぶ違うね。
井口　清潔感を大事にしはじめたせいかもしれないです（笑）。あと、体重の増減も結構あったり。
鈴木　へえ～。でもウエストは全然太くないですよね。
井口　鈴木さんはイメージしていたよりもお腹回りが……。
鈴木　僕ね、そんなに太ってるほうじゃなかったんだけど、お医者さんに騙されたんですよ。「60代は食べすぎたら太る。でも70代は太りませんから」って。それでどんどん食べてたら太っちゃった（笑）。
井口　ははは！

鈴木　悪いのは肺だけで、他は健康そのものだから「最低90歳までは生きます」って。それで、「健康に90を迎えるか、酸素ボンベと暮らすか、どちらか選んでください」と言うわけ。

井口　うわ〜、決断を迫られたんですね。

鈴木　そう言われて、酸素ボンベと一緒に寝ている自分の姿がありありと目に浮かんできて「嫌だな〜」って（笑）。

井口　さすがの想像力（笑）。

鈴木　というわけで、僕のことは気にせず吸ってください。

井口　ちょっと気が引けますけど、お言葉に甘えて。

鈴木　「CEREMONY」というアルバムを聞かせてもらいましたよ。「白日」っていう曲がヒットしているんですよね。うちのスタッフの娘さんがよく歌っているのを聞いていたから、少し頭に残っていて。歌声としゃべる声の高さが結構違うんですね。

井口　はい。しゃべり声はわりと低いほうだと思います。とくに「白日」は裏声で歌っているので。

鈴木　ちょっとだけ苦しそうに。そこがミソですよね。ああやって絞り出す感じで歌うと真実味が増す。

井口　鋭いご指摘で（笑）。僕は4歳の時に劇場で見た「もののけ姫」が初めての映画体験でした。

鈴木　ご家族と一緒に？

井口　そうです。村を出たアシタカが、口を赤く染めたサンと出会うシーンが記憶に鮮明に残っています。ジブリ作品は全部見ていますけど、いまだに「もののけ姫」が一番好きなんです。

鈴木　それ、事前にちょっと聞いていたのでお土産を用意しておきました。モロの置物と、コダマのイラストをあしらったパーカです。

井口　うわ〜、ありがとうございます！　実は僕のほうからもプレゼントがありまして。毎回、対談相手からイメージしたものをお持ちしているんですけど、ちょっと今回は困ってしまって。

鈴木　何だろう。現金かな？

井口　ははは！　迷ったんですがこちらにしました。三軒茶屋に50年ぐらいやっている洋菓子屋さんがあって、そこの生チョコがすごく美味しいんです。

鈴木　おお〜。でも僕、チョコレートの食べ過ぎでアレなんですけど（笑）。

井口　うわっ、しまった！

驚きましたよ、「還暦前の人間がやることか!?」って

鈴木　「もののけ姫」はすごく思い出深い作品でね。当時、宮崎はすでに還暦近い年齢で、アクション映画はこれが最後になるだろうと思って作り始めたんです。でも彼はあえてチャレンジングなことをやったの。何かというと、〝空を飛ぶ〟という得意技を一切使ってないんですよ。

井口　ああ、たしかに。空がほぼ出てこないですよね。

鈴木　井口さんでいえば「裏声を使わない」みたいなことでしょうね。「もののけ姫」を封切った時、いろんな方に「宮崎駿の集大成」って書かれたんですけど、僕はそれを見て「嘘ばっかり書きやがって」と思った。何しろすべての芝居が新しい試みだったから。驚きましたよ、「還暦前の人間がやることか!?」って。

井口　宮崎さんの原動力って一体何なんですか？

鈴木　それはわからない。「もののけ姫」ってアニメーションの芝居的には下手なんですよ。でも、たとえ達成できなくても貫き通す、みたいな迫力があるんです。

井口　わかります。抑え込んで凝縮している感じが、僕はすごく好きで。ラストの山に緑が戻るシーンの描き方も抑え気味ですよね。

鈴木　あれはね、その数年前に高畑勲が「平成狸合戦ぽんぽこ」っていうのを作っていて。ある時、宮崎が僕の所へ走ってきて「鈴木さん、見て！」って言うんです。何かと思ったら、「もののけ姫」のラストシーンを考えたと。で、見てみると「ぽんぽこ」とほとんど一緒（笑）。

井口　それでどうしたんですか？

鈴木　もちろん指摘しましたよ、「これ、そっくりですよ」って。でもね、本当に「ぽんぽこ」のことを完全に忘れているんですよね。彼とは45年の付き合いになりますけど、面白い人なんです。

井口　プロデューサーの役割って何ですか？

鈴木　よくわからない存在ですよね、プロデューサーって。僕の場合、始まりはひどい話なんです。ジブリを作る時、宮崎が言ったんですよ。「ところでさ、スタジオを作るのはいいんだけど、人って役割があるよね。僕と高畑さんは監督じゃん？鈴木さんは……プロデューサーだよね」って。それ聞いて頭にきたんですよ。

井口　どうしてですか？

鈴木　だって、面倒くさいこと全部こいつに押し付けようってことでしょ？（笑）

井口　なるほど（笑）。

鈴木　それからこんなことになっちゃったんです。最初は真面目に考えたんですよ。「ルパン三世　カリオストロの城」ってあったでしょ？　僕はちょうど宮﨑があれを作っている時からの知り合いでね。あの作品は面白いけれど、目を覆いたくなるような興行成績で、「宮﨑駿はもうダメだ」と烙印を押されかけていた。でも彼は絵が上手いし、才能を持った人だから、これで終わっちゃうのは寂しい。それでね……この人で食えないかなあって考えたんです。

井口　うわあ（笑）。現実主義ですね〜。

鈴木　プロデューサーってそういうもんですよ（笑）。結果、それは「風の谷のナウシカ」に結実するんですけど。

井口　「ナウシカ」の着想はどこからなんですか？

鈴木　僕が彼に提案したのは「壮大な物語がい い」ということ。「壮大って何？」って言うから、つい勢いでギリシャ神話がどうしたとか答えたら、彼は本当に読んじゃったんですよ、ギリシャ神話を。

井口　へえ〜！

鈴木　それで後日、彼から「ナウシカはどうかな？」って言われて。「何ですかそれ？」と聞いたら「ギリシャ神話だよ！」って（笑）。

井口　ははは！

鈴木　それが「ナウシカ」が始まった瞬間です。何でも言ってみるもんですよね。

僕は、良くも悪くも固まることができなかったんです

井口　鈴木さんはどんな学生時代を過ごしたんですか？

鈴木　アルバイトを36種類くらいやっていましたね。学生運動の時代だったから、働くことで考えることを忘れてしまいたかったの。

井口　出版社に就職しようと思った理由は？

鈴木　とあるバイト先でね、子どもたちを集めて座談会をやって、それを文章にまとめる仕事をしたんですよ。アイスクリームの甘さはどれがいいか、みたいな調査なんですけど。僕が原稿をまとめると「鈴木君の原稿は本当に面白い。そういう仕事やりなよ」って上の人がいつも褒めてくれて。じゃあ出版社でも受けてみようかな、と。

井口　意外なきっかけですね。

鈴木　そう。高邁な野心なんて何も持ってなくて。それどころか、働くということに対して全く定まっていなかった。いわゆるモラトリアムですよ。僕ね、70いくつにもなっておかしいかもしれないけれど、いまだに自分が定まっていない気がしていて。本当に自分に合っているのは何だろう？という問いが心のどこかに残っているんですよ。

井口　なんと！

鈴木　どうしたらいいんですかね？（笑）

井口　僕が知りたいです（笑）。

鈴木　考えてみると変な仕事ですからね。映画ですよ？　井口さんだって歌を歌っているわけで

しょう。おかしな商売だと思いません?

井口　思います(笑)。本来、無くても生活には困らないものですしね。

鈴木　大昔にね、野坂昭如という人が小説家になりたての時、大学で講演会をやったんです。その演説を収めたレコードを聞いてみたら、学生たちに向かってこんなことを喋っていて。「僕が今、何をやっているかというと、物書きである。物を書くとはどういうことか。本居宣長の時代は今と違って雑誌も何もなかった。宣長は自宅の障子に文字を書いていて、誰かに読ませようという意図もなく、ただ書いていた。それが本来の『物を書く』ということではないだろうか」って。

井口　なるほど〜。僕も歌の起源って何だろうと考えるんですけど、祈りとか信仰心のような個人的なものであって、他人に向けて発するものではなかったと思うんですよね。だから今、歌うことでお金をいただけるなんて幸せなことだなあと思っています。

鈴木　そうですよね。

井口　でも、てっきり鈴木さんは映画プロデューサーとして迷いなく進んできたのだと思っていたんですけど……。

鈴木　そういうフリをしているだけですよ。僕が一番ショックだったのはね、今の井口さんと同じ29歳の時、「アニメージュ」の創刊に参加して、みんなの書いた原稿を僕がチェックしないといけない立場になったことでした。

井口　どうしてですか?

鈴木　自分はまだ何者かになれるかもしれない、何になるかはわからないという気分でいたのに、「このままだと俺の未来は閉ざされてしまう」と感じたんです。だから僕は、自分でも取材して原稿を書き続けたの。それをやめる勇気はなかった。

井口　今でもその不安はあるんですか？

鈴木　うん。自分は一体どこへ行くんだろう？という不安ですよね。僕は、良くも悪くも固まることができなかったんですよ。そんな僕をある意味で支えてくれたのは、宮崎駿です。彼もいまだに言うんです、「鈴木さんさあ……俺、監督に向いてるかな？」って。

井口　ふふふ。

鈴木　ホッとしますよね（笑）。そういう時、僕はちょっと偉そうな感じで「俺はそんなことないですけどね」って雰囲気を出すんだけれど、内実はまったく同じなんです。

でも僕、思うんですよ。騙すより騙されたほうがいいって

井口　鈴木さんはこれまで、どうやって苦境を乗り越えてきたんですか？

鈴木　僕は窮地に追い込まれると、自分を客観的に見ることができるんです。そうするとワクワクしてくるんですよ。得な性分ですよね。

井口　うらやましいです。でもプロデューサーの仕事って、何十億というお金を動かすわけじゃないですか。想像するだけで怖くなるんですけど。

鈴木　自分で背負ってしまったら何もできないですよ。大事なのは、無責任になること。問題が起きても人ごとだと思ったほうがいい（笑）。
井口　なるほど（笑）。
鈴木　あとね、僕は忘れちゃうんです。
井口　忘れる？
鈴木　うん。つい先日、名古屋へ行ったついでに、小学生の時によく遊んでいたお宅を訪ねたんです。そこへ行くのは65年ぶりぐらいだったんですけど、思い切って呼び鈴を押したの。それで事情を話したら、僕のことをご家族で迎え入れてくれて。
井口　へえ〜。思い出してくれたんですね。
鈴木　それでね、僕は自分の子ども時代を、繊細でおとなしい子どもだったと記憶していたんですよ。実際、一番下の妹さんは「鈴木さんは私たちが遊びに行くといつも勉強ばかりしていて、おとなしい方でしたよね」とおっしゃって。でもね、黙って聞いていた次男が突然、「そんなことない！」って言い出したの。
井口　どうしてですか？
鈴木　「俺は昔、鈴木さんにものすごい量のメンコを巻き上げられた！」って（笑）。そういえば以前から不思議だったんですよ。僕ね、子どもの時になぜかメンコを2千枚ぐらい持っていたんです。
井口　えーっ!?（笑）
鈴木　それを聞いてね、「僕、そんなことしましたか？」って次男に言ったら、「やられたほうは忘れない！」って（笑）。あれはびっくりしたなあ。
井口　そのエピソードも氷山の一角なんでしょうね（笑）。
鈴木　人間の記憶っていい加減なもんです。そもそも僕は、次男のことも忘れていたし。
井口　わかってよかったですね、65年の時を経て。

鈴木　初めてですよ。自分の正体というか、自分の隠れた一面を人から指摘されたのは。

井口　「鈴木さんってこういう人だよね」と指摘された経験はあまりないんですか？

鈴木　ないですね。昨今って、承認欲求がどうとか言われるじゃないですか？　僕らの小さい頃ってそれがなかったんですよ。誰かに褒められた経験もなければ何もない。だけど、それは今振り返ると幸せなことだったのかも。

井口　僕はこういう時代に生きていて、SNSとか承認欲求を肥大化させるものに囲まれていますけど、そこから離れて考えないといけないいなと思っていて。

鈴木　うんうん。

井口　あくまでも自分との闘いというか。他人から見た自分ではなく、他人と隔絶されたところで「自分って何だっけ？」と考えなきゃいけない。そうしないと苦しくなるって気づきましたね、この何年かで。僕にはバンドの仲間もいるので、そういうところで自分を見つめ直そう、と。

鈴木　でも、有名になると騙す人とか悪い人もたくさん近寄ってくるでしょ？

井口　今のところはないです（笑）。鈴木さんは騙されそうになったことあります？

鈴木　いっぱいあります。でも僕、思うんですよ。騙すより騙されたほうがいいって。だって、騙すって大変ですから。色んなことを覚えてないといけないし（笑）。

井口　矛盾があると嘘がバレますからね。

鈴木　全部忘れちゃうんだもん。だから、いつも本当のことを言って生きているほうが、ずっと楽なんです。

MY NEIGHBOR
TOTORO
TOXIC JUNGLE
1984

「おはよう。コーヒー飲む？」

井口　自分がいなくなった後のジブリのことを考えたりしますか？

鈴木　あまり深く考えてないですね。まあ、自分がいる間は自分が支配して……。

井口　ストレートな言い方！（笑）。では、自分たちが作った作品が百年後や千年後にどうなっているると思いますか？

鈴木　実を言えば、シェルターに保管して後世に残しておきたいと考えていた時期もあったんです。だけど、いつからかこう思うようになったの、「残るものは残る。残らないものは残らない」と。

井口　何かきっかけがあったんですか？

鈴木　年齢だと思いますよ。僕はこれまで、「多くの人に見てもらえれば、次の作品を作ることができる。だから映画をヒットさせたい」と思ってやってきたんですけど、気がつけば僕も宮崎も年を取った。ここまでくるともういいですよね、そんなことにこだわらなくても。一番大事なのは「何を作るか」でね。

井口　宮崎さんは今、新作の「君たちはどう生きるか」を作っているんですよね。

鈴木　うん。今のところいい感じです。驚きますよ、「どこにこんな力が残っていたんだ!?」って。

井口　冒険活劇ですか？

鈴木　そうです。宮崎が引退を撤回した時、「またか」ってみんなあきれていたけど、最後の作品に「風立ちぬ」を選んだのは僕なんですよ。あれが失敗だった。なぜかというと、あの作品には活劇がないでしょ？　ファンタジー好きの宮崎としては満足しきれなかったの。それが引退撤回の本当の理由です。あそこで活劇を選んでおけば、今ごろ僕は心穏やかに老後を過ごしていた。

井口　ほぉ〜。

鈴木　僕としては引退したままでいてほしかったんですよ。だから彼から「また作りたい」と言われた時は反対したの。そうしたら、「20分だけ絵コンテを描くから見てくれ」って言われてね。彼は半年かけて描くんですよ。それを見る時はつらかった。金曜の夜に受け取って、週明け月曜の朝に返事をすることになったんですけど、嫌な言い方をするんですよ。「これで鈴木さんがダメって言うなら、俺はもうやらないから」って。これって体のいい脅しでしょ？

井口　ふふふ。

鈴木　それで日曜の夜になってようやく見たんです。そうしたらね、面白いんですよ。

井口　おお〜！

鈴木　月曜の朝は悩みましたよ、どうやって彼に伝えるべきか。「面白い」と言ったら作らないといけない。これは大変なことでしょ？　だから決めたの、「面白くない」って言おうと。それで彼のアトリエに入ったらね、いまだに忘れられないですよ。僕を見るなり「おはよう。コーヒー飲む？」って彼が言ったんです。今までそんなこと一度も言ったことないのに（笑）。

井口　かわいらしい……（笑）。

鈴木　それでつい言っちゃったんですよ、「やりますか」と。

井口　さすがです。そこでストップをかけずに伴走するのが鈴木さんですよ。

鈴木　いや、振り回されるこっちはたまったもんじゃないんです。でもね、ここで逃げちゃったら自分の負けのような気がしてね。それが嫌なの。勝ちたいんですよ。

井口　勝ちたい、ですか。

鈴木　そう。「一人で勝手にやってください」と言ったら僕の負けで、最後が惨めだろうなって。そうすると、少なくとも先に死んでもらおうという気になるんですよ（笑）。

井口　宮崎さんはきっと命が尽きるまで作るんでしょうね。

鈴木　うん。それしかやることないし、それが彼の責任ですよね。なんでこんなことになっちゃったんですかね……。

井口　ははは！　最高に素敵なコンビだと思います。

鈴木　ただの意地の張り合いですけどね。

＊2022年5月収録

僕は伊那市の高校に通っている学生です。今年2年生になり、一年間通ってきた通学路も、やっと馴染んできたように思います。

学校の帰り道、友達と伊那の通り町あたりをよく歩きます。僕は電車で通学しているので、時間になるまでは商店街の本屋さんで立ち読みをし、それから帰るのが日課です。いなっせにも本屋はあるのですが、やはり店のあたたかい感じだとか、店番をしているおじいさん、おばあさんの人柄みたいなものが、僕にとってはとても懐かしい場所のような気がして、どうしてもその本屋さんに行ってしまいます。僕が初めてその本屋さんに入ったとき、おばあさんが僕にこんなことを言いました。「来てくれてありがとうね。今は全然人が来ないもんでねえ…立ち読みは大歓迎だで、これからも読みに来て下さいね」そう言ってくれました。おばあさんはニコニコと笑顔を浮かべていましたが、その言葉は本当に淋しそうで、今でも、その言葉につき動かされて足を運びます。

最近は商店街のシャッターが降りている所を多くの場所で見かけます。

僕の家の近くではとても広い道路が作られて、大型店がずらりと立ち並んでいます。僕は沢山の商品がある大型店は好きです。でもその度におばあさんの言葉が浮かびます。誰が助けてくれるのでしょうか。本当にこんな変化をし続けていいのでしょうか。高校生の僕にはこうして文章で訴えることしかできません。これから伊那市を離れて、10年後、20年後この町に帰ってきて、懐かしいと思える場所が残っていてほしい。そのためには大人の皆さんの力が絶対に必要だと思います。どうか苦しんでいる人の声を聞いて下さい。自分ができることを人任せにしないで下さい。

これから市長と市議会の選挙が始まるそうです。僕に投票権はありません。でもこの文を読んでくれた人がいたなら、どうかそんな人達に救いの手を差し伸べてあげて下さい。この町がもっといい町になるように。お願いします。

高校2年　井口理

＊2010年4月13日「長野日報」投稿欄より

井口母×理 親子対談

理　ただいま。
母　はーい、おかえり。
理　朝早くからごめんね。なかなかタイミングがなくてさ。
母　ちょうどよかったよ。私、夕方には成田空港に行かないといけないから。
理　今日からドイツ旅行だもんね。達君《とおる》（次兄）のフィアンセに会うの、楽しみでしょ。
母　うん。理はちょっと前に会ってきたもんね。
理　すごくお似合いだったよ。ドイツ観光も楽しかった。
母　私もね、観光するならちょっとぐらい話せないと困るかなと思って、インターネットで英会話のレッスンを受けたの。（カレンダーを指しながら）この○印の日がそう。
理　ほぼ毎日じゃん（笑）。
母　伊那に帰ってくるのは半年ぶりぐらいだね。
理　うん。前回は伊藤ちひろ監督に長野を案内するために帰ってきて、ついでに家にもちょっと寄って。今日はお母さんにうちの家族の話を聞きたいなと思ってるんだけど、どこから話を始めるのがいいかな。
母　理のペースでどうぞ。私ね、すぐ取っちゃうんだよ、人の話を。反省点なの。
理　六十ン年、ずっと反省してるよね（笑）。いずれ英語でも人の話を取れるようになるかも。
母　気をつけるよ。
理　うちってだいぶ変わってると思うんだけどさ。
母　変わってる？

理　そこの庭に1人乗りの電気自動車があったじゃん、昔。

母　今はもう譲っちゃったけどね。あれはエンジンが原付バイクと同じ50ccだから、税金が安いの。しかも1度充電すれば50キロぐらい乗れるから経済的でね。

理　中1の時、町内であれを乗り回しているお母さんを見た友だちから、「お前んち、めちゃくちゃ変わってるな」って言われて。まだプリウスとかが普及する前で、かなり珍しかったよね？

母　うん。富山県の町工場で作ってて、値段は70万円だったかな。日本で3台目ぐらいの電気自動車だった。

理　導入が早すぎる（笑）。他にも、トイレは水を使わないバイオトイレだし、ソーラーパネルも20年以上前にいち早く設置してたよね。

母　そうね。理は「うちの家は貧乏だ」ってよく言ってるけどさ、貧乏じゃなくて、ケチなんだよ。

理　倹約家ね（笑）。

母　電気も水も、無駄な使い方はしたくないっていう。とくに今は私一人で暮らしているから、夜に使う電気は昼間に蓄えた分でまかなえるし。その範囲で生活したいの。

理　今はお米とか野菜も自分で作ってるもんね。

母　お隣に住んでいる女性が有機農法をやっている方でね。いろいろ教えてもらいながら一緒に作っていて、ようやく軌道に乗ってきたところ。そうだ、おなか減ってる？　おにぎり作ったら食べるよね。（立ち上がりながら）ちょっとお米炊いてくるわ。

理　（台所に向かって）えーと、なるべく早くね。

母　あれ、もう出かけちゃう？

理　違う違う、今対談中だから。

母　私、対談中なのか！　あと水をあれしてスイッチを押すだけだから……。ていうか、部屋の中ちょっと暑くない？　いったんストーブ消そうか。

理　相変わらずじっとしていられない（笑）。

出産の場面を絵に描いた兄

母　はいはい、戻ってきましたよ。

理　お母さんから見て俺はどんな子どもだった？

母　みんなから愛されてたよ。じいちゃん、ばあちゃん、きょうだいからもかわいがられて。一番上のお姉ちゃんとは11歳差だっけ？　お姉ちゃんと1歳差で長男が生まれて、3歳差で次男が生まれたから、上の3人は一緒に大きくなった感じだけど、理だけ年が離れてるからね。お姉ちゃんが小さな理をおんぶして、お父さんが二人を連れて図書館へ行くと、「あの人、あんな若い奥さんもらったのか」ってよく勘違いされたみたい。

理　平和な話だな～（笑）。

母　みんな理をかわいがってたけど、とくにお姉ちゃんは本を読み聞かせたりして、お世話してくれてた。

理　でも俺、お姉ちゃんには罵倒された記憶しかないんだけどなあ。「黙れ豚！」って言われたのをめちゃくちゃ覚えてる。

母　まあ、ちょっときついところがあったね（笑）。そうそう、理は自宅で産んだんだ。

理　その話、菅田将暉ともしたよ。彼も自宅分娩だったの。珍しいよね。将暉以外に会ったことないもん。

母　そう？　あの頃ちょっとブームになっていたんだけど。

理　どうして自宅分娩をしようと思ったの？

母　病院だと場合によっては陣痛促進剤を使ったりするけど、私は自然分娩がいいなと思って。で、子どもたちもある程度大きくなったし、家族みんなで生まれる瞬間を見届けようって。

理　お母さんをみんなで取り囲むようにして見てたの？

母　うん。お姉ちゃんは直視できなかったみたいだけど、お兄ちゃん二人は見てた。それで、長男が絵に描いたの。お尻のところからへその緒が伸びてて、その先に赤ん坊がいてね。「お母さんのお尻の穴から出てきました」みたいなことが書いてあった（笑）。

理 ははは！

母 面白いきょうだいだったね。全員AB型っていうのも珍しいし。A型とB型の両親から生まれた子どもが4人ともAB型っていうのは、すごい確率らしいよ。

理 お母さんとお父さんって、真逆だったよね。お母さんは感覚的なものの見方をする人で、お父さんは論理的。だから、映画を一緒に見るのは地獄だった。「なんでそんな見方すんの？」ってすぐに言い争いになるから。

母 だって、「真実味がない」とか言うけどさ、もともと映画って非現実の世界を楽しむものでしょ。

理 リアリティーも大事だと思うけど。

母 映画に？ まあいいや、そんなことは。

理 お父さんは子育てに対してどうだった？

母 協力的で、毎晩のように本を読み聞かせてくれてたよ。私もたまにはやってたんだけど、理の時は仕事が忙しくてほったらかしになっちゃってね。おやつも、上の子たちには手作りのおにぎりとかを与えていたんだけど、理には箱の中にいっぱいお菓子を詰め込んで、好きに食べさせて……。

理 4人目は急に雑だね。

母 ふふふ。

理 俺、小学生の時にブチ切れたことがあったよね。家のポテチの在庫が無くなってて、「なんで無いんだよ！」って（笑）。食い意地張ってたな〜。

母 1日1袋食べてたからね。「太ったのはお母さんのせいだ」ってよく言ってた。牛乳もものすごい飲んでたの。きょうだい4人で1日3リットルぐらい消費して。

理 すくすく育つわけだ。この間ドイツで達君と話したんだけど、うちって異常な数の映画を見てたよね。

週5本くらい見てたでしょ。
母　見てたね。
理　レンタル屋さんにみんなで行って1人1本借りて、全員で見て。20回くらい見てる映画もあるよね。
母「サウンド・オブ・ミュージック」なんてビデオテープがすり切れるぐらいみんなで見て、それでも飽き足らずDVDも買ってね。
理　そうだね。ジブリもみんなで見た。
母　理はドラえもんの映画もすごい見てたよ。寝る前に必ず見てた。
理　昔のドラえもんは100回以上見たなあ。
母　クレヨンしんちゃんもみんなで泣いたよね。

自立すればいいから

理　俺が物語好きになったのは、たくさん映画を見たことと、本の読み聞かせをしてもらったことが影響していると思う。漫画にしても、少女漫画から「ジョジョ」まで、きょうだいのおかげでいろんなジャンルの作品に触れることができたし。音楽を始めたのも、誰かに押し付けられたわけではなくて、家族を見て自然とやりたくなった。
母　あれだよね、エンターテインメントが好きだったんだね、今思うと。長男は演劇、次男は歌、長女は吹奏楽をずっとやってたし。
理　ああ、確かに。
母　みんな、人前に出て何かをやるのが好きだったのかな。
理　お父さんが目立ちたがり屋だったもんね。酔っ払うと歌ったり踊ったりして。
母　ギター持って、伊那の町を歌いながら歩いたりね。
理　流しじゃん（笑）。
母　まあとにかく、理は愛情いっぱいに育てられたなって私は思うんだけどね。

理　わりと過保護だった？

母　うん。理の中に今もあるいい加減さとかだらしなさは、そのせいかなと思う。よく新井（和輝）君から指摘されてたじゃん。「理は間違っても平気な顔してる」って。あれを聞いた時、本当にそうだなと思った。内心では「しまった！」と思っていても、顔は「全然大丈夫」みたいなね。きっと新井君は私と似た性分で、きちんとしなきゃいられない。理への対応を見てるとわかるんだよ。

理　そうなのか。

母　理は相手に甘えても許されちゃうところがあるから、ずいぶん得してると思うよ。

理　それは末っ子のスキルだね。乗っかって乗っかってなんとか生きてきた、みたいな。きょうだいの立ち回り方を見ている分、世渡り上手になる。

母　そんな理も最近はだいぶ気を使ってるよね。たまにツイッターとか見てると、踏み込まれないようにしてるなあって感じる。

理　ふふふ……。

母　まあ、私のわからない世界にいるし、いろんなことがあるんだろうなとは思ってるけど。でも、もっと正直になってもいいんじゃない？とは思う。

理　うちの家族ってさ、仲は良いけど結構ドライだよね。あまり連絡を取り合わないし、お互いの近況にも立ち入らない。King Gnuの東京ドーム公演が発表された時も、「おめでとう」とか一切なかったし。

母　無関心というわけではないんだけどね。

理　なんか、逆にそれで成り立ってるところがあるというか。お母さんがずっと言っていた「自立すればいいから」という言葉が影響しているんだと思う。あれは家訓だよね。「ちゃんとした職に就きなさい」ではなく、どんな職に就いても自分で稼げていればそれでいいって。

母　うんうん。

理　お母さんが手を痛めて仕事がしんどそうだった時、俺が「仕送りしようか」って聞いたら「いらない」って言ったことがあったじゃん？

母　あった。それなりの生活ができていたから。

理　俺としては「いや、ここは頼るところでしょ」と思ったけど、あれも必要以上に寄りかからないっていうことなんだね。まあ、動けるうちは動いているほうがいいんだろうけど。ボケ防止にもなるし。

母　まだボケないよ（笑）。

忘れられない「金髪事件」

理　どうしてそういう考えに至ったの？

母　生きていれば、いい時も悪い時もあるからね。私自身、どん底の時もあったけど、それが転じて今はすごい楽しいから。

理　なんでも受け入れていく、ってことか。お母さんは常にオープンだしね。

母　まあね。それが関係してるのかわからないけど、うちの子たちはみんな交際相手を家に連れてきて、家族に紹介してたよね。理が初めて連れてきたのはいつだったかな。

理　中学2年じゃない？

母　そうだ。で、高校の時は……あの子だな。金髪事件の子。「彼女に裏切られた」とか言って、理が東京で金髪になった。

理　その話、まだ覚えてるのか。

母　当たり前でしょ。一生忘れないよ。証拠写真もある。

理　いや～、本当にやめてほしい！

母　東京藝大を受験するなら、藝大の先生のレッスンを1回は受けたほうがいいっていうアドバイスがあって。じゃあお兄ちゃんが教わった先生にお願いしようとなって、そのレッスン代が確か3万円だった。で、理に3万渡したら、1万いくらを勝手に使い込んで金髪にしちゃってね。

理 東京に着いてすぐ、先生に会う前にブリーチを3回くらいした。

母 その頭で先生のところへ行ったから、先生もびっくり仰天。

理 なんだこの金髪野郎は?っていう感じでね。

母 当たり前だよ。すごく厳しい先生だったから。夜、高速バスで帰ってきた理を迎えに行った時、バスから降りてきた金髪頭を見てびっくりしたよ。「はあ!?」って。

理 まあ、そうだよね。

母 「どうしたの? それ」って言ったら、「金を使い込んだ」って。

理 横領だ(笑)。

母 家に帰ってから、「明日、その頭で高校行くつもり? 絶対ダメだよ」って言っても、「どうしても行く」の一点張り。で、翌朝そのまま登校したんだけど、すぐに担任の先生から家に電話があって、「もう今日は帰しますから、すぐに染め直してください」って言われてね。

理 まあ、カーディガンの色にも指定があるような学校だったからね。

母 あの出来事だけはいまだによくわからん。

理 あの時ね、おかしくなってたんだと思う。彼女のことだけじゃなくて、いろいろな思いが渦巻いていた。ちょうど椎名林檎さんも金髪だったし……。

母 で、その年は受験に落ちて。「もう大学へは行かないことにした」って言って、居酒屋でアルバイトを始めた。

理 俺が受験に失敗したすぐ後にお父さんが家を出ていっちゃったから、大学へ行くお金なんてないだろうと思って……。

母 そんなことなかったけどね。

理　うん、そうじゃなかったんだけど、当時はそう思っちゃった。

母　でも、しばらくして、高2の時からお世話になっていた声楽の先生が「あきらめないでほしい」って理に言ってくれて。11月からレッスンを再開して、なんとか試験に間に合ったね。試験の時、金髪事件の先生もいたんだっけ？

理　うん、いたよ。言われたからね、「あれ、金髪じゃないの？」って。俺、よく合格したな……。

ありがとうを伝えたかった

母　中学生の頃から歌だけは夢中でやってたもんね。勉強は何一つしなかったけど。

理　高校でも一切しなかった。

母　だけどさ、高2の時に、私が理に頼んで地元の新聞に投稿してもらったことがあったでしょ。伊那の町並みについて思うことを、自分で考えて投稿してって。そうしたら、パッと書いた作文がすごく良くて。えっ、文章書けるじゃん！って驚いた。

理　あ〜、思い出した。「図書券あげるから町のために書きなさい」ってお母さんに言われて、漫画欲しさに書いたんだ。

母　そうだったっけ？（笑）。あ、ちょうどご飯が炊けたみたい。おにぎり作ってくるね。

理　（台所に向かって）東京ドームのライブが終わって3日後くらいにメールくれたじゃん。

母　あー、あれね。私、あんなメールしたの初めてだよね。

理　ちょっと読むね……。「演奏すごかったです。一生（あともう少しで終わるけど）の思い出になります。人生の後半に息子がこんな夢を見せてくれて、本当に幸せです」

母　恥ずかしいって（笑）。でもね、今のうちにありがとうの気持ちを伝えておかないといけないなって思ったの。これまでちゃんとお礼を言ったことなんてなかったから。

理 そうかな？　わかんないけど。

母 私もわかんない。はい、おにぎり食べて。

理 うまい。

母 塩気が足りない？

理 いや大丈夫。うまいね、やっぱ。

母 いつも何食べてるの？

理 ウーバーイーツばっかり。お母さんはおにぎり食べないの？

母 私は大丈夫。後でカレー作って食べるから。

理 あ、そうそう。お土産にパン買ってきたよ、サービスエリアで。はい。

母 あ、あのウィンナーパンだ。

理 ここ10年で今が一番元気なんじゃない？

母 うん。パワーアップしてるよね。

理 もしかしたら、俺が生まれてから見てきた中で一番元気かも。今、すごい英会話も頑張ってるわけじゃん。それはどういうマインドなの？

母 やっと自分の時間を過ごせているなあって感じかな。今回の旅行では、ドイツだけじゃなくオーストリアにも行って、「サウンド・オブ・ミュージック」の舞台となった街を見に行くの。死ぬまでにやり遂げたいことがいっぱいあるんだよ。

理 そうか。ちゃんと4人育ってよかったね。

母 うん、自分でも財産だなと思うしね。よそと比べてうちの子は素晴らしいとか、そういう意味じゃなくて。ちゃんとみんな独立できて本当によかったなあって思うよ。

理 おめでとう。

母 ありがとう。

理 あの日のメールの返信でも書いたけど、もう一度言うね。お母さん、まだまだ長生きしてね。

この本でやってきた対談は、僕にとって「自分探しの旅」だったのだと思う。

僕は長いあいだ、King Gnuの一員として、一人のボーカリストとして、自分に自信が持てなかった。少し先の未来さえもよく見えていなかった。だから、素晴らしい人たちとの対談が何かを掴むきっかけになればと、半ばすがるような思いとともにスタートした。

対談はだいたい月に1度のペースで行われた。時間はいつも120分。一対一のやりとりでは、相手の深いところに触れられる瞬間がある。世代も違えば畑も違う14通りの生き方とその価値観は、まったく異なるところもあれば、似ているところもあった。そんな彼らの言葉に耳を傾けているうちに、目の前のモヤが少しずつ晴れていくのを感じた。

14人との対談を終えて、最後に話を聞きたくなったのが母親だった。生まれ育った故郷で母親と話すことで、自分の「軸」を確かめたい。いわば、自分探しの旅の答え合わせだ。

母親へのお土産はすぐに決まった。家族で遠出する時、いつも高速のサービスエリアで買ってもらっていた、あのウィンナーパン。

母親と一緒に縁側に腰掛けて話すなんて、いったい何年ぶりだっただろう。ましてや腕を組んで写真を撮るなんて、以前の自分には考えられないことだ。間違いなく僕の中の何かが変化していた。殻に閉じこもって距離をとっていた領域に、自分から足を踏み入れることを成長というのなら、僕も少しは成長したのだと思う。

人の話にもっと耳を傾けていきたい。僕の旅はまだまだ続く。

いつも高速のサービスエリアで
買ってくれた
ウィンナーパン

ホース格納箱
SNACK
幸あり

なんでもソーダ割り

Art Director: OSRIN (PERIMETRON)
Photographer: Seiya Fujii (W), OSRIN (PERIMETRON)...Location Shoot
Photographer: Noriko Yamamoto...Conversation Shoot
Hair Stylist: TAKAI, Kazuma Kimura
Stylist: Shohei Kashima (W)
Production Manager: Marie Ando
Location: Ina Asahiza, Ushio, Snack 999, Osadaya

Assistant Designer: U Hashikawa
Text Designer: Ryo Yoshimura (Yoshi-des.)

A&R: Osamu Fujita (Sony Music Labels)
Artsit Manager: Hitoshi Ishihara, Rin Kaneko (Sony Music Labels)
Ex.Promoter: Naoko Kawamoto (Sony Music Solutions)

Title Calligrapher: Satoru Iguchi
Writer/Editor: Naoki Fujii

本書は、「AERA」2021年4月12日号から22年7月4日号までの
連載をもとに、新たに対談、コラム、写真を加えたものです。

井口 理
いぐち・さとる

1993年、長野県伊那市出身。東京藝術大学音楽学部声楽科卒業。唯一無二の世界観を築きあげているバンド“King Gnu”でボーカルとキーボードを担当。近年は俳優としても活動し、映画「劇場」（2020年／監督：行定勲）、「佐々木、イン、マイマイン」（20年／監督：内山拓也）、ドラマ「MIU404」（20年）などに出演。YouTubeドラマ「GOSSIP BOX」（21年）では主演も務めた。23年３月10日公開の映画「ひとりぼっちじゃない」（企画・プロデュース：行定勲／監督：伊藤ちひろ）では映画初主演が決定している。19年４月から約１年間「オールナイトニッポン0(ZERO)」（ニッポン放送）の木曜日パーソナリティを担当。ナレーション業なども含め、活動の幅を広げている

なんでもソーダ割《わ》り

2023年３月30日　第１刷発行

著者
井口 理

発行者
藤井達哉

発行所
朝日新聞出版
〒104-8011　東京都中央区築地5-3-2
電話03-5541-8627（編集）　03-5540-7793（販売）

印刷所
凸版印刷株式会社

ISBN978-4-02-332281-3
定価はカバーに表示してあります。